RAT - Remscheider Arbeitshilfen und Texte

Max Fuchs:
Kultur als Arbeit

Der Autor:

Max Fuchs, Dr. phil.
Jahrgang 1948, Studium der Mathematik, Wirtschaftswissenschaft und Pädagogik; langjährige pädagogische und administrative Praxis in verschiedenen Bildungs- und Kultureinrichtungen; Direktor der Akademie Remscheid für musische Bildung und Medienerziehung.

Die Akademie Remscheid:

Das bundeszentrale Fortbildungsinstitut für kulturelle Jugendbildung, gegründet 1958. Fortbildungsangebote in den Bereichen Kulturarbeit und Kulturpädagogik, Musik, Tanz, Rhythmik, Spiel, Theater, Literatur, Bildende Kunst und Fotografie, Medien, Sozialpsychologie und Beratung. Die Akademie wird gefördert durch das Bundesministerium für Jugend, Familie, Frauen und Gesundheit sowie durch das Ministerium für Arbeit, Gesundheit und Soziales des Landes Nordrhein-Westfalen.
Anschrift: Küppelstein 34, 5630 Remscheid. Tel.: 02191/794-1

RAT - Remscheider Arbeitshilfen und Texte:

In dieser Buchreihe veröffentlichen Dozenten und Fortbildungsteilnehmer der Akademie Remscheid ihre Methoden und Konzepte für eine neue, phantasievolle Praxis der Jugend-, Sozial- und Kulturarbeit.
Die "RAT - Remscheider Arbeitshilfen und Texte" werden herausgegeben von Ulrich Baer in Zusammenarbeit mit der Akademie Remscheid.
Die weiteren Titel dieser Reihe finden Sie hinten im Buch aufgelistet.

Max Fuchs

Kultur als Arbeit

Kulturpädagogische Beiträge

Akademie Remscheid
RAT - Remscheider Arbeitshilfen und Texte

RAT - Remscheider Arbeitshilfen und Texte

Herausgegeben von Ulrich Baer
in Zusammenarbeit mit der Akademie Remscheid

Bezug:

Robin-Hood-Versand
Große Brinkgasse 7, 5000 Köln 1
(ab Sommer 1989: Küppelstein 36, 5630 Remscheid)

Akademie Remscheid
Küppelstein 34, 5630 Remscheid

Originalausgabe
(C) 1989, Akademie Remscheid
Alle Rechte vorbehalten.

ISBN 3-923128-02-9

Inhalt

Einleitung:

Jugendkulturarbeit in Zeiten knapper Kassen   **7**

1. Grundlagen der Kulturpädagogik

1.1 Kultur lernen?
Bemerkungen zu einem umstrittenen Thema   **13**

1.2 Lernziel: "Gestaltung und Inszenierung des Milieus"   **28**

1.3 "Kreativität" -
Ein brauchbares Konzept für die kulturelle Jugendbildung?   **35**

1.4 Bedeutung und Perspektiven kultureller Bildung heute   **48**

1.5 "Soziokultur" eine theoretische Annäherung   **68**

2. Kulturpädagogische Arbeitsfelder

2.1 Kulturarbeit und offene Jugendarbeit   **77**

2.2 Neue Aufgaben für Stadtbüchereien   **100**

2.3 Jugendarbeit als pädagogische Aufgabe   **110**

3. Kulturmanagement

3.1 "Kultur ist schön, macht aber viel Arbeit" **119**

3.2 Konzepte kultureller Arbeit in Ausbildung,
Weiterbildung und Praxis **123**

3.3 Zur Situation der Aus- und Fortbildung in Kulturmanagement in der Bundesrepublik Deutschland **132**

3.4 Kultur-Consult **144**

4. Zur Arbeitsweise der Akademie Remscheid

4.1 Spiel als Arbeit - Arbeit als Spiel **155**

4.2 Anmerkungen zur kulturpädagogischen Fortbildung **166**

Nachweise **180**

Einleitung:

Jugendkulturarbeit in Zeiten knapper Kassen

Kulturelle Jugendbildung hat viele Aspekte und Dimensionen. Das Spektrum der Fragestellungen reicht von bildungstheoretischen Überlegungen zu methodisch-didaktischen Fragen, von der Frage ihrer Vermittlung bis hin zu finanziellen oder organisatorischen Problemen.

Zur Zeit scheinen insbesondere die Finanzierungsprobleme alle inhaltlichen und konzeptionellen Diskussionen zu überlagern. Dies ist kein zufälliger Trend, sondern hat damit zu tun, daß "Kultur" als kommunales Angebot sehr stark darunter leidet, daß sie als "freiwillige kommunale Selbstverwaltungsaufgabe" stets sehr früh in das Blickfeld des zu Einsparungen gezwungenen Stadtkämmerers gerät.

Das Dominieren von Finanzierungsfragen hat im jugendpolitischen Bereich damit zu tun, daß sich bei den bewährten Förderinstrumenten auf Landes- und Bundesebene (Landes- und Bundesjugendplan), die bislang eine ganze Reihe von kulturpädagogischen Angeboten garantierten, ebenfalls verstärkt die Notwendigkeit zu Einsparungen zeigt. Hierzu kommt die allmählich anlaufende Diskusison der Reform des Jugendwohlfahrtsgesetzes, deren finanzielle Folgen für die Träger der Jugendarbeit noch nicht abzusehen sind.

Für die hier vorgelegten Beiträge sind diese beiden Entwicklungen nicht nur Rahmenbedingungen, sondern ganz wesentliche Entstehungsursachen.

Denn eine Folge der restriktiven Haushaltspolitik der öffentlichen Hände gerade im Jugend- und Kulturbereich ist für die Träger von Jugendkulturarbeit die Forderung nach verstärkter

Legitimation ihrer Leistungen. Dieses Erfordernis könnte nun so eingelöst werden, daß bloß das bestehende Angebot ständig zur Abwehr von Reduzierung oder Streichungen als notwendig und unverzichtbar nachgewiesen wird. Ein solches Vorgehen ist zwar nötig, birgt aber die Gefahr in sich, daß man bloß noch reagiert, bloß noch defensiv Angriffe abwehrt. In dieser Situation halte ich es daher für nötig, offensiv die Notwendigkeit von Jugendkulturarbeit mit neuen praxisnahen und realisierbaren Konzepten zu belegen. Analog zur Wirtschaftspolitik, in der man ein solches Vorgehen, nämlich gerade in Zeiten einer schlechten Konjunktur neue Investitionen zu tätigen, "antizyklisch" nennt, kann man daher von der Notwendigkeit einer antizyklischen Jugend- und Kulturpolitik sprechen.

Die hier vorliegenden Beiträge betreffen daher grundlagentheoretische Fragen der Kulturpädagogik ebenso wie konzeptionelle Überlegungen für eine anspruchsvolle Jugendkulturarbeit.

Die Beiträge reflektieren außerdem die besondere Situation der Akademie Remscheid, nämlich im Überlappungsbereich von Jugend- und Sozialpolitik einerseits und Kultur- und Bildungspolitik andererseits zu arbeiten. Dies erweckt in der Praxis mitunter den Eindruck, zwischen zwei Stühlen zu sitzen, kann aber auch als Chance genutzt werden, als Brücke zwischen beiden Bereichen zu fungieren.

Am deutlichsten hat sich diese Zwischenposition an der kontroversen Diskussion der Ideenskizze "Kultur-Consult" gezeigt. Dieses Konzept hatte aus meiner Sicht die Funktion, einen Teil der Klientel der Akademie Remscheid in die Lage zu versetzen, den aufgrund der oben skizzieren Finanzlage härter werdenden Existenzkampf ein wenig besser überstehen zu können. Dies betrifft vor allem jene Träger kulturpädagogischer Programme, die ohne irgendeine institutionelle Förderung auskommen müssen und denen daher immer schon der Wind etwas schärfer ins Gesicht wehte.

Unter anderem aus diesem Grund wurde "Kultur-Consult" im Kulturbereich als ein diskutabler Vorschlag zur Bestandssicherung aufgenommen, während das Konzept in dem bislang noch unter anderen finanziellen Bedingungen arbeitenden Jugendbereich Irritation und Kritik auslöste.

Es bleibt zu wünschen - und auch dafür zu kämpfen -, daß die öffentlichen Hände ihrer Verantwortung für den Jugend- und Kulturbereich gerecht werden, so daß Überlegungen, wie sie Kultur-Consult enthält, nicht notwendig werden. Allerdings: Nur darauf zu warten oder zu hoffen, scheint mir nun doch zu wenig zu sein und an unserer Realität vorbeizugehen.

Die vorliegenden Beiträge sind aus ganz unterschiedlichen Anlässen entstanden - es sind (nachträglich aufgeschriebene) Vorträge und Referate, Beiträge zu Buchpublikationen und Aufsätze für Fachzeitschriften. Es finden sich Überlegungen zu eher grundsätzlichen Fragen des sich langsam formierenden praktischen und wissenschaftlichen Arbeitsfeldes Kulturpädagogik ebenso wie praxisbezogene Vorschläge zur Gestaltung von Jugendarbeit. Dieses Spektrum der Beiträge spiegelt einen Teil der Anforderungen, die neben der Hauptaufgabe, nämlich kulturpädagogische Fortbildungsangebote zu machen, ebenfalls an die Akademie Remscheid gestellt werden.

Obwohl die meisten der Überlegungen mit Kolleginnen und Kollegen z.T. ausführlich diskutiert worden sind, handelt es sich bei den Beiträgen nicht um "offizielle" Stellungnahmen der Akademie Remscheid zur kulturellen Bildung, sondern um persönliche Diskussionsbeiträge.

Ich widme dieses Buch meinem Sohn Simon.

1.
Grundlagen der Kulturpädagogik

1.1
KULTUR LERNEN?
Bemerkungen zu einem umstrittenen Thema

Problemstellung

Der Lernbegriff wird im Kreise von Kulturpädagogen und Kulturvermittlern nicht gerne verwendet.

Mit "lernen" wird sehr schnell "systematisches Lernen", Lehrplan und Wissensaneignung assoziiert. Man denkt an Schule, an Klassenarbeiten und natürlich an Lehren und Lehrer.

Die in der Überschrift formulierte Frage wird nach solchen Assoziationen sicherlich sehr schnell mit "nein" beantwortet werden: Kultur ist nichts, was in den Zuständigkeitsbereich von "lernen" fällt. Natürlich würde zugestanden, daß Mathematik und Geographie, Geschichte und Chemie auch zur "Kultur" eines Landes gehören; doch das Kulturverständnis in der Kulturpädagogik kann sich hiermit so richtig nicht anfreunden. Bei aller Ausweitung des Kulturbegriffs in den letzten 20 Jahren: dies ginge dann doch zu weit. Ein Grund für dieses Zurückschrecken liegt sicherlich darin, daß sich Kulturpädagogik - so es sie überhaupt gibt - im Bereich der außerschulischen Jugendarbeit entwickelt hat, einem Bereich also, der sich schon von seiner Bezeichnung her negativ, also in Absetzung von Schule, definiert. Auch wenn zur Zeit ein wichtiges Thema in der kulturpädagogischen Diskussion der Unterschied von Kulturarbeit und Sozialarbeit ist, so ist doch ein gemeinsames Anliegen beider der Wunsch nach anderen Lernformen. Im folgenden will ich daher auf der Grundlage einer Annäherung an den Lernbegriff einige Fragen diskutieren, die in der derzeitigen Diskussion über die inhaltliche Füllung von "Kulturpädagogik" von Bedeutung sind:

- die Frage nach den für die Kulturpädagogik spezifischen Lernziele
- die Frage nach möglichen und geeigneten Lernformen.

Eine Annäherung an den Begriff des Lernens

Das Unbehagen an der Form des schulischen Lernens ist sicherlich dann berechtigt, wenn es sich ausschließlich auf die im ersten Abschnitt genannten Assoziationen streng - u.U. taxonomisch aufgelisteter - abfragbarer Wissenselemente bezieht. Allerdings hat die schulpädagogische Diskussion inzwischen selber zur Kenntnis genommen, daß sehr genau gefragt werden muß, ob tatsächlich primär die in Lehrplänen aufgelisteten Wissensbestände gelernt werden. Es wurde Siegfried Bernfeld[1] wieder entdeckt, der schon in den zwanziger Jahren dieses Jahrhunderts darauf aufmerksam gemacht hat, daß hinter den explizit genannten Wissenselementen ganz andere lernwirksame Einflußgrößen die Schule beherrschen: die Organisationsformen von Unterricht und Schule, die sehr viel mehr Einfluß auf die tatsächlichen Lernergebnisse haben als die Unterrichtsinhalte. Unter der Überschrift des hidden curriculums[2] machten sich daher im letzten Jahrzehnt die Schulpädagogen auf, die wahrhaft erziehungswirksamen Einflüsse in der Schule zu entschlüsseln. In anderen Zusammenhängen erfaßt man diese Problematik mit den Begriffen "Inhalts-" versus "Formbestimmtheit" von Unterricht[3]. Eine weitere Ausdehnung des Lernbegriffs brachte die in der Pädagogik im Zuge der emanzipatorischen Wende Ende der sechziger Jahre stattgefundene Rezeption sozialwissenschaftlicher Theorien. "Sozialisation" und "Enkulturation" waren zentrale Konzepte, die Entwicklungs- und Lernleistungen des Individuums, die notwendig für die Bewältigung gesellschaftlicher Anforderungen sind, zu erfassen[4].

Vorbegriffliche Verarbeitungsformen von Realität, Entwicklung von Einstellungen, Werthaltungen und Weltanschauungen, soziale Verkehrsformen: all dies geriet nun verstärkt in das Blickfeld der Pädagogen.

Natürlich fanden solche Entwicklungsziele auch schulpädagogische Sympathie, so daß sie nun in Lernzielen erfaßt wurden.

Ein auch für den außerschulischen Bereich wichtiges Lernziel war (und ist) dabei das soziale Lernen.

Anstelle des Lernbegriffs verwendet man bei der Erfassung der hier aufgeführten Prozesse neben dem bereits erwähnten Begriff der Sozialisation häufig das v.a. von Bourdieu und Passeron entwickelte und verwendete Konzept der "Habitualisierung" und des "Habitus".

Letztlich - und dies sollte man bei allen notwendigen Differenzierungen der verschiedenen Begriffe im Auge behalten - wollen alle Begriffe eine Veränderung/Entwicklung des Menschen erfassen. Die Organisation solcher entwicklungsfördernden Maßnahmen, Handlungsabläufe oder Umgebungen ist stets Aufgabe eines jeden Tätigkeitsbereichs, der sich "Pädagogik" nennt. "Entwicklung" ist daher eines der zentralen Konzepte pädagogischen Denkens und Handelns.

Bevor also sehr schnell im Bereich der außerschulischen Jugendarbeit und kulturellen Jugendbildung die Abgrenzung von der Schule vorgenommen wird, sollte es sich lohnen, die Diskussionen über schulisches Lernen gerade in den letzten Jahren zur Kenntnis zu nehmen.

In einer seiner letzten Arbeiten schlägt etwa Wolfgang Klafki[5] vier Grundformen von Unterricht vor:

- Projektunterricht, der wesentlich bestimmt ist durch: Orientierung an aktuellen bzw. aktualisierbaren Schülerinteressen, Handlungsbezug und Orientierung an einem gemeinsamen "Werk".
- Lehrgänge, die der Erarbeitung/Aneignung von relativ voraussetzungsreichen und daher systematisch gestuft zu entwickelnden Erkenntniszusammenhängen und Fähigkeiten dienen.
- Unterricht in Gestalt relativ eigenständiger, fachlicher oder fächerübergreifender Themen.
- "Trainingsunterricht", der dem Üben, Sichern, Anwenden und "Eintrainieren" dient.

Einen großen Einfluß auf die schulpädagogische Diskussion hatte auch C.R. Rogers mit seinem Konzept des "signifikanten Lernens", das er wie folgt bestimmt[6]:

- es schließt persönliches Engagement ein
- ist selbstinitiiert
- durchdringt den ganzen Menschen, ändert Verhalten, Einstellungen und u.U. die Persönlichkeit des Lernenden
- wird vom Lernenden selbst bewertet
- besitzt als wesentliches Merkmal "Sinn".

Es handelt sich wesentlich um ein entdeckendes Lernen, um ein Lernen durch Tun, bei dem die Lehrer eine fördernde Funktion haben. Wohlgemerkt: Dies sind keine Beschreibungen und Konzeptionen aus dem außerschulischen Bereich, sondern Überlegungen zum schulischen Lernen, die spätestens seit den siebziger Jahren die didaktische Diskussion bestimmen und die Einzug in die Lehrerausbildung und Schulpraxis gefunden haben.

Nach diesem Ausflug in die schulpädagogische Diskussion will ich ein Fazit zu den hier vorgetragenen Überlegungen zu Lernen/Sozialisation ziehen:

Gemeinsamer Kern all dieser Vorgänge ist das Ziel, als Individuum, als autonome, selbstbestimmende Persönlichkeit sein Leben in der Gesellschaft bewältigen zu können, teilzuhaben am kulturellen gesellschaftlichen Leben, seine Interessen wahrzunehmen und Anteil an der Gestaltung des gesellschaftlichen Lebens zu nehmen. In anderen Untersuchungen habe ich dieses allgemeinste Entwicklungsziel im Anschluß an die Überlegungen der kritischen Psychologie als "Entwicklung verallgemeinerter Handlungsfähigkeit" beschrieben und seine Realisierung nicht nur als menschenwürdig, sondern als notwendig für die spezifisch menschliche Existenzweise dargestellt[7].

Dieses Ziel fordert die Entwicklung vielfältiger Kompetenzen, die wiederum unzählige bewußte und unbewußte Lernvorgänge voraussetzen. Neben konkreten bereichsspezifischen Fähigkeiten und Kenntnissen spielen hierbei allgemeine Einstellungen und Werthaltungen eine Rolle, die sicherlich anders angeeignet - oder besser: individuell entwickelt[8] - werden, als Faktenwissen.

Doch selbst dieses "Faktenwissen" ist kaum über Lernformen zu erwerben, die die Befindlichkeit, die situativen und biographischen Voraussetzungen der Lernenden nicht berücksichtigen und die die kulturelle Einordnung der Wissenselemente vernachlässigen. In einem verbreiteten und sicherlich auch für die außerschulische Praxis nicht uninteressanten didaktisch Modell (der "Berliner Schule" von P. Heimann, G. Otto und W. Schulz[9] wird der erste Teil der genannten Voraussetzungen mit der Ermittlung der "soziokulturellen und anthropogenen Voraussetzungen" des Bedingungsfeldes unterrichtlichen Handelns zu erfassen versucht.

Die genannten inhaltsbezogenen Momente der kulturellen Einordnung, der Geschichte und sozialen Geformtheit der Wissenselemente wurde in jüngster Zeit in dem Konzept des "Metawissens"[10] thematisiert.

Es handelt sich dabei darum, einzelne Wissensfakten nicht isoliert, sondern sowohl in ihrem systematischen theoretischen Zusammenhang als auch in ihrer sozialen Genese zu sehen. Dieses historische und wissenschaftstheoretische Wissen über das i.e.S. zu vermittelnde Wissen - eben: das Meta-Wissen - ist quasi die Einordnung des Wissens in die kulturelle Totalität, aus der es stammt. Diese kulturellen und persönlichkeitsbezogenen Bezüge können als Berücksichtigung der individuellen und gesellschaftlichen Sinnstruktur verstanden werden, wobei "Sinn" hier gerade auf die existentielle Bezogenheit des "objektiven" Wissens hinzielt[11].

Jede Pädagogik ist in diesem Verständnis daher "Kulturpädagogik" (oder sollte es zumindest sein), da - wie Rogers es nennt - "signifikantes Lernen" gerade die Berücksichtigung von SINN und KULTUR im beschriebenen Sinn erfordert.

Dies als gemeinsamen Kern schulischer und außerschulischer Bildungsarbeit zu sehen, kann als Grundlage dafür dienen, die auch notwendigen Differenzierungen und Unterscheidungen der je spezifischen Aufgaben in beiden Bereichen vorzunehmen.

Einige Notizen zum Kulturbegriff

Gerade die Weite und Undeutlichkeit des Kulturbegriffs machen es möglich, sich trefflich zu streiten - oder auch vollständig einer Meinung zu sein - und später feststellen zu müssen, daß für beides die Grundlage - nämlich eine halbwegs gemeinsame Begrifflichkeit - fehlt.

Daher sind einige Notizen zum möglichen Verständnis des Kulturbegriffs notwendig.

Etwas holzschnittartig unterscheide ich den universalistischen Typus, den engagierten und den eingeengten Typ.

Der universalistische Kulturbegriff

Der universalistische Kulturbegriff bezieht sich auf alle menschlichen Lebensäußerungen in Gegenwart und Geschichte.

"Kultur" in seinem Verständnis ist das Universum, in dem der Mensch lebt, denkt und handelt. Es ist ein Begriff der Totalität, aus der der Mensch niemals herauskommen kann - weder praktisch und aktiv handelnd, noch denkend. Die existentielle Eingebundenheit in diese "Kultur" ist unhintergehbare Voraussetzung, ist gelebtes, in seiner Selbstverständlichkeit und Unhinterfragbarkeit nicht begreifbares Leben.

Dieser Kulturbegriff kann nicht der Kulturbegriff der Kulturpädagogik sein, da er wegen seiner Universalität kaum in die Zuständigkeit einer Einzeldisziplin fallen kann. Am ehesten erfaßt wird dieser Begriff in Enzyklopädien und Universallexika.

Der engagierte Kulturbegriff - "Soziokultur"

Der zweite genannte Typ ist der "engagierte" Kulturbegriff. Ich will an einem bekannten Beispiel verdeutlichen, was damit gemeint ist. Der DGB verbreitete in den siebziger Jahren den Slogan, daß Kultur sei, wie der Mensch lebe und arbeite. Diese Bestimmung klingt zunächst nach dem universalistischen Kulturbegriff. Daß dies nicht zutrifft, erkennt man, wenn man seine intendierte politische Stoßrichtung berücksichtigt: Man wollte weg von einem Kulturverständnis, das das Leben des größten Teils der Bevölkerung nicht tangiert. Man wollte die Aufmerksamkeit auf die alltägliche Lebensweise der Menschen, ihre Feste und ihren Alltag im Berufs- und Privatleben richten. Es wurde also eine gesellschaftspolitische Zielstellung verfolgt. In dem vermeintlich "weiten" Kulturbegriff steckt daher eine Wertung.

In den Kontext dieses weiten Kulturbegriffs gehört auch die Diskussion und das Konzept der "Soziokultur", das v.a. von sozialdemokratischen Kulturpolitikern seit Beginn der siebziger Jahre propagiert wurde. "Soziokultur" bezog sich zwar auch auf die Sensibilisierung für die alltäglichen Lebensäußerungen der Menschen, wollte jedoch zumindest in seiner heroischen Anfangszeit" noch etwas mehr: eine Verbesserung der politischen Kultur ("mehr Demokratie wagen") und eine größere Teilhabe der breiten Bevölkerungsschicht an der "Hochkultur" (Demokratisierung der Kultur).

Kritiker[12] sehen jedoch spätestens seit Mitte der siebziger Jahre einen entscheidenden Bruch in der Diskussion um "Soziokultur": die Alltagsorientierung wurde beibehalten, der Anspruch auf Demokratisierung der "Hochkultur" verschwand. Eine ernstzunehmende Kritik am Konzept der "Soziokultur" wirft ihren Verfechtern vor, ihren ursprünglich emanzipatorischen Anspruch verraten zu haben, indem sie eine breite Begehrlichkeit auf die Potenzen der Künste, auf ihre Möglichkeiten zu Genuß und Erkenntnis, zu Freude und Aneignung der Welt erst gar nicht geweckt haben. Die kulturelle Hegemonie des Bürgertums - um es in den Worten von Gramsci zu sagen[13] - blieb unangetastet.

Trotz dieser kritischen Bemerkungen zu einer spezifischen Variante des "engagierten Kulturbegriffs" bin ich der Überzeugung, daß nur dieser die Arbeitsgrundlage der Kulturpädagogik sein kann und daß wesentliche Momente der sich inzwischen entwickelten Praxis der "Soziokultur" unverzichtbare Rahmenbedingungen der kulturpädagogischen Praxis sein müssen. Dies heißt aber auch, daß sich jede Kulturpädagogik der Mühe unterziehen muß, die Werte und Ziele, die das Attribut "engagiert" ausmachen, und das dahinter stehende Menschen- und Gesellschaftsbild zu reflektieren und zu explizieren.

Wie jedes pädagogische Handeln ist m.E. auch Kulturpädagogik dem im letzten Abschnitt aufgeführten Entwicklungsziel der Herstellung verallgemeinerter Handlungsfähigkeit verpflichtet. Dieses bedeutet zum einen die Bewältigung der vielfältigen Anforderungen in der täglichen Lebenspraxis im Rahmen gegebener Lebensbedingungen, zielt darüber hinaus aber auch auf die Gestaltung und Veränderung der Rahmenbedingungen selbst. Dieses Entwicklungsziel impliziert, daß mit Menschsein die tätige Gestaltung der (individuellen und gesellschaftlichen) Lebensbedingungen verbunden ist. Das dahinterstehende Menschenbild geht also von dem Menschen als aktivem gesellschaftlichen Wesen aus, der (individuell und gesellschaftlich) Subjekt seiner Verhältnisse ist. Produkton und Konstruktion seiner Lebensbedingungen sind spezifische Merkmale seiner (biologischen) Art; das Bedürfnis hierfür und auch die Möglichkeit, die notwendigen Fähigkeiten zu erwerben, sind ihm mitgegeben. Verhältnisse, in denen ein derart gestaltetes Leben möglich ist, nenne ich "human". Unter Kultur verstehe ich daher humane Lebensweise und unter "Bildung" die je individuelle Realisierung und die subjektive Teilhabe an der so verstandenen "Kultur"[14].

Natürlich muß dieses allgemeine Ziel historisch und regional konkret gefüllt werden. Insofern die so verstandene "Kultur" alle Lebensäußerungen des Menschen - zumindest als normativer Maßstab - betrifft, könnte Kulturpädagogik schnell zu einer universalen Disziplin geraten. In dieser Situation ist eine vertretbare pragmatische Lösung, die bisherige kulturpädagogische Praxis, die nur unzureichend durch ein- und abgrenzende Begriffsbestimmungen erfaßt wird, als Gegenstandsbereich der Kulturpädagogik zu wählen: Es handelt sich um ein spezifisches Handlungsfeld im Bereich der außerschulischen Bildungsangebote, das sich weniger von den Zielen her, sondern erher durch die verwendeten Medien von anderen Arbeitsfeldern (z.B. politischer Bildungsarbeit) unterscheidet.

Bevor ich nun auf den dritten, den Typus "eingeengter Kulturbegriff", zu sprechen komme, will ich kurz einige Erläuterungen zu dem m.E. Bewahrenswerten des Soziokulturkonzeptes anfügen.

Soziokultur: Wesentliche Bestimmungen

Wie beschrieben, hat das anfangs emanzipatorisch orientierte Soziokulturkonzept nach Meinung seiner schärfsten Kritiker bei seiner Realisierung eine Wende erfahren und wurde nun in der Praxis zu einem Instrument der sozialen Befriedung, zu einem Konzept der Sozialpädagogisierung von Kultur, zu einer Methode, Kulturpolitik als Sozialpolitik zu betreiben. Richtig und bewahrenswert scheint mir trotz dieser - sicherlich auch nicht durchgängig die Praxis adäquat erfassenden - Umdeutung des

Konzeptes seine ursprünglich emanzipatorische Intention, seine Sensibilisierung für soziale Zusammenhänge. Kunst und Kultur wurden nun nicht mehr als interessenungebundenes Spiel betrachtet, sondern gerade in ihrer Einheit mit der sozialen und politischen Entwicklung in der Gesellschaft gesehen. Diese gesellschaftliche Eingebundenheit künstlerisch-kultureller Tätigkeit, diese Sensibilisierung für die - im Sinne von Heimann/Otto/ Schulz - "soziokulturellen Voraussetzungen" von Kulturarbeit, ist sicherlich für jede vernünftige Kulturpädagogik von Belang[15].

An anderer Stelle[16] habe ich weitere Prinzipien einer nach dem Konzept der Soziokultur entwickelten Kulturarbeit entwikkelt:

- das Prinzip der Alltagsorientierung mit dem besonderen Akzent, den Alltag nicht als stets vorfindlichen bloß zu ästhetisieren (und damit erträglicher zu machen), sondern konkrete Lebensansprüche an ihn zu stellen und ihn danach zu bewerten
- das Prinzip der Tätigkeit, das sowohl die Befähigung zu eigenkünstlerischer Tätigkeit meint, das aber auch als Realisierung einer umfassenden Gestaltungsabsicht die sozialen und kommunikativen Zusammenhänge einschließt
- damit verbunden die Prinzipien der Selbstorganisation und Selbstverantwortung
- das Prinzip der Ganzheitlichkeit.

Eine zentrale Frage für die kulturpädagogische Reflexion und Praxis ist dabei das Verhältnis zu den Künsten.

Der eingeengte Kulturbegriff: Kultur als Kunst

Eine der umstrittenen Fragen in der derzeitigen kulturpädagogischen Diskussion ist die Frage nach dem Stellenwert der Künste. Die oben vorgetragene Kritik am Konzept der Soziokultur bemängelt gerade die zu wenig stattgefundene Weckung von Begehrlichkeit. Ich teile in dieser Frage die Ansicht von Kaspar Maase[17], wenn er schreibt: "Die traditionelle Kultur - Künste und Wissenschaften - ist nicht irgendein Feld der Lebensweise, gleich bedeutsam oder verzichtbar wie Batiken, Skatspielen oder Kegeln. Es handelt sich vielmehr unter zwei Gesichtspunkten um einen "kulturellen Kernbereich" (Th. Metscher). In Künsten und Wissenschaften wird auf intensive Weise das analytische, emotionale und sinnliche Instrumentarium der Gattung Mensch entwickelt, mit dem wir die geistigen Beziehungen zur Umwelt und zu uns selbst gestalten. Auseinandersetzung mit Künsten und Wissenschaften - durch eigenes Schaffen oder kritische Aufnahme - ist Produktion persönlicher Fähigkeiten zur geistigen Bewältigung des Lebens. Sie dient der vielseitigen Erfahrung von Ich und Umwelt und vermittelt Genuß im Maße der Erschließung des Reichtums der Werke (und über sie der Wirklichkeit!). Künste und Wissenschaften sind Mittel der Erkenntnis und Selbsterkenntnis; sie tragen bei zum Verständnis unserer Lage und zum Entwurf von Alternativen, zur Bestimmung menschlicher Ansprüche und Fähigkeiten".

Und weiter: "Ausschluß von Wissenschaft und Künsten ist ... der Ausschluß von emotionalen, gefühls- und wissensmäßigen Widerstandspotentialen."[18] Allerdings ist dieses Plädoyer für die Berücksichtigung von Kunst und Wissenschaft keine Aufforderung zu gesellschaftlich unreflektiertem "Drill" in künstlerischen Techniken.

Dies ist also die zu bewältigende Gratwanderung:

Künste ernst zu nehmen in der kulturpädagogischen Tätigkeit und zugleich ihre soziale Eingebundenheit, ihr Potential zur Aneignung der Wirklichkeit, ihren Beitrag zu Entwicklung der kulturellen Bildung ("Kultur" im oben explizierten Sinn) bewußt herauszuarbeiten. Dies setzt analog zu dem oben skizzierten Konzept des Metawissens sehr vielmehr voraus als die bloße Beherrschung des Mediums ("mediale Kompetenz"), wenngleich diese unverzichtbare Grundlage ist.

Ein zweites damit verbundenes Problem ist die Beziehung zwischen künstlerischer Laien- und Profitätigkeit. Ein jeweils konkret in der Praxis zu lösendes Problem ist die Frage, wie weit professionelle Kunst Maßstab sein kann für die initiierte Laientätigkeit: Wie kann professionelle Kunst anregen, ohne daß der Unterschied in der Ausführungsqualität für die eigene Tätigkeit entmutigt?

Kultur lehren -
Zur Organisation des Lehrens von Kultur

Die letzten Überlegungen rücken zunehmen den Vermittlungsprozeß und damit die Person des Vermittlers in den Vordergrund. Neben den Lernprozessen, die "immer schon" ablaufen - man spricht hier von funktionalem Lernen - hat es Pädagogik stets auch mit der gezielten, absichtsvollen Herbeiführung von (Entwicklungs-) Prozessen zu tun, also mit intentionalem Lernen. Man darf dabei sicherlich davon ausgehen, daß der größte Teil der Entwicklungsziele, die sich auf Einstellungen oder Werthaltungen beziehen, funktional "gelernt" werden.

Funktionales Lernen ist stark vom Milieu, von der sozialen und gegenständlichen Umgebung geprägt. Die Tatsache, daß dieses Lernen funktional erfolgt, bedeutet jedoch gerade nicht, daß es nicht durch pädagogische "Eingriffe" beeinflußt werden könnte. Ich will einige Gesichtspunkte anführen, die zeigen, wie weit auch bei funktionalem Lernen von einem PRIMAT DES INHALTS ausgegangen werden muß.

1. Lernen als Tätigkeit zu begreifen bedeutet sofort, nach den einfachen Strukturmomenten jeder Tätigkeit, nach Subjekt, Mittel und Objekt des Tätigkeitsprozesses, zu fragen[19]. Das "Subjekt" kann dabei ein einzelnes Individuum sein: im größten Teil der hier interessierenden Vorgänge handelt es sich jedoch um ein kollektives Subjekt, um eine Gruppe.
Die angesprochenen "Mittel" können sowohl gegenständlich-dinglich sein (z.B. Werkzeuge), es können aber auch Methoden oder Organisationsformen sein.
Ebenso kann der "Gegenstand" ein "Ding" sein wie auch ein zu bearbeitendes Problem. Von erheblicher heuristischer Tragweite ist dabei die Möglichkeit der wechselseitigen Konstitution der einzelnen Strukturmomente: die Frage etwa, inwieweit die verwendete Methode den Inhalt konstituiert, oder die in unserem Zusammenhang wichtige Frage, wie Methode oder Gegenstand das Subjekt konstituieren. "Subjekt konstituieren" heißt hierbei beides: Entwicklung der Persönlichkeit der Indi-

viduen und Entwicklung der Sozialformen (Kooperation, Kommunikation, Koordination) im kollektiven Subjekt.

Gerade im Hinblick auf die Entwicklung sozialer Lernziele ist also die Beeinflussung durch Methode und vor allem durch Objekt und Inhalt der Tätigkeit ein zentraler Gesichtspunkt, denn Handeln ist stets Handeln-mit und Reden stets Reden-über. Der Inhalt ist daher die organisierende dritte Sache, auf die sich Kooperation, Koordination und Kommunikation beziehen. Er stellt sicher, daß Reden und Handeln nicht beliebig erfolgen. Dabei werden - auch wenn (intentional) Absichten formuliert werden - quasi nebenbei (also funktional) entscheidende Entwicklungsprozesse in Gang gesetzt.

2. Funktionales Lernen ist abhängig von dem Milieu. Dies bringt die Kompetenz zur "Inszenierung" solcher Milieus ins Bewußtsein. Dies wiederum lenkt die Aufmerksamkeit auf die Person des Vermittlers.

3. Entscheidend für die Lernprozesse ist das Handlungsrepertoire des Vermittlers. Dies bezieht sich zum einen auf Kenntnisse von Entwicklungsprozessen bei der Zielgruppe. Es betrifft Kenntnisse über die eigene Person und ihre Wirkung auf andere Menschen. Da dies wenig in Frage gestellt werden dürfte, will ich einige Bemerkungen zur Rolle der inhaltsbezogenen Kompetenz des Vermittlers machen (wobei sich bei künstlerischen Aktivitäten die hier angesprochenen "Inhalte" auch auf die "mediale", also künstlerische Kompetenz des Vermittlers beziehen).

Es ist eine alte pädagogische Erfahrung, daß Lernprozesse um so interessanter und ergiebiger sind, je größer das fachliche Handlungsrepertoire des Vermittlers ist. Dies ist jedoch nicht nur für die intentionalen Lernprozesse von Bedeutung: Die fachliche Qualifikation hat auch entscheidende Auswirkung auf die funktionalen Lernziele: Sie bestimmt insofern die Atmosphäre, als sie Garant für die Ernsthaftigkeit des Sicheinlassens auf den Gegenstand ist.

Ich will dies am Thema "Künstler in der Kulturarbeit" verdeutlichen. Ein entscheidender Unterschied der unterschiedlichen Professionen in der Kulturarbeit kann im Grad der Funktionalisierung und Instrumentalisierung der Künste gesehen werden. Eine besondere Qualität der künstlerischen Kulturarbeit besteht dabei darin, daß bei unterschiedlichen Handlungsmöglichkeiten aus dem Handlungsrepertoire eher künstlerische (als etwa pädagogische oder therapeutische) Handlungsstrategien ausgewählt werden. Die künstlerische Tätigkeitsebene wird also nicht so schnell zugunsten sozialpädagogischer Interventionen verlassen. Die Ernsthaftigkeit des inhaltlichen Interesses am künstlerischen Tätigkeitsprozeß, die bei Künstlern sicherlich damit zu tun hat, daß Kunst eben auch eine Lebensform ist und bei Künstlern eine existentielle Bedeutung hat, bestimmt entscheidend das Milieu. Gerade deshalb realisieren sich - obwohl nicht bewußt intendiert - soziale Lernziele.

Von dieser Erfahrung ausgehend möchte ich behaupten, daß jedes künstlerische Medium auch für sich alleine in der Lage ist, die Persönlichkeit umfassend zu entwickeln. Insofern bin ich nicht von der Notwendigkeit, ausschließlich multimedial in der Kulturarbeit zu arbeiten, überzeugt. Dies muß m.E. vielmehr dann kritisch bewertet werden, wenn in sehr vielen künstlerischen Medien nur sehr oberflächlich gearbeitet wird. Denn gerade in einer Zeit einer großen Reizüberflutung sollte Kulturpädagogik in der Begrenzung ihres Angebots eine wichtige Aufgabe sehen: weniger ist eben auch hier mehr.

Anmerkungen und Literatur

1) Bernfeld, S.: Sisyphos - oder die Grenzen der Erziehung. Frankfurt/M 1970.

2) Zinnecker, J. (Hsg.): Der heimliche Lehrplan. Weinheim/Basel 1975.

3) Der Trend ging - z.T. unter dem Einfluß der kritischen Theorie - in den siebziger Jahren dahin, die Formbestimmtheit

pädagogischer Unterrichts- und Entwicklungsprozesse stärker zu bewerten als die inhaltlich-gegenständlichen Einflüsse. Ich habe mich in verschiedenen Arbeiten kritisch mit der These von der Dominanz der formalen Einflüsse auseinandergesetzt und zu zeigen versucht, daß sowohl bei der Entwicklung individueller und gesellschaftlicher (wissenschaftlicher) kognitiver Strukturen als auch in pädagogischen Prozessen von einem PRIMAT DES INHALTS auszugehen ist.

4) Einen guten Überblick über diese "Sozialisationstheorien" gibt K. Hurrelmann/D. Ulich (Hsg.): Handbuch der Sozialisationsforschung. Weinheim/Basel 1984.

5) Klafki, W.: Neue Studien zur Bildungstheorie und Didaktik. Weinheim/Basel 1985.

6) Rogers, C.R.: Lernen in Freiheit. München 1974
In meiner Untersuchung "Didaktische Prinzipien - Geschichte und Logik", Köln 1984, habe ich diese Arbeit zusammen mit weiteren Arbeiten zu "schulorientiertem Unterricht" im Hinblick auf ihre anthropologischen und gesellschaftlichen Implikationen untersucht - und bin auf einige m.E. entscheidende Widersprüchlichkeiten in diesen Konzeptionen gestoßen.

7) Fuchs, M.: Kulturelle Bildung und Ästhetische Erziehung. Köln 1986.

8) Mit dieser Formulierung soll ausgesagt werden, daß Lernen stets ein produktiver und konstruktiver Akt ist, der vielfältige innere (geistige) und äußere (manuelle) Tätigkeiten voraussetzt.

9) Heimann, P./Otto, G./Schulz, W.: Unterricht - Analyse und Planung. Hannover usw. 1967

10) Bromme, R./Otte, M.: Der Begriff und die Probleme seiner Aneignung. In: Bloch, J.R. u.a.: Grundlagenkonzepte der

Wissenschaftskritik als unterrichtsstrukturierende Momente. Kiel 1978.

11) Daß dies selbst für emotional sehr unzugängliche Wissensbestände möglich ist, habe ich am Beispiel der Mathematik zu zeigen versucht: "Zur Rolle mathematik-philosophischer Fragen beim Lernen von Mathematik." In: M.Fuchs: Kultur lernen. Remscheid 1987.

12) Alheit, P.: Kommunale Kulturpolitik und stadtteilnahe Initiativen. In: Th.Olk/H.-U. Otto (Hsg.): Gesellschaftliche Perspektiven der Sozialarbeit, Bd. 4: Lokale Sozialpolitik und Selbsthilfe. Neuwied 1985.

13) Gramsci, A.: Zu Politik, Geschichte und Kultur. Frankfurt/M 1980, sowie H.H. Holz/H.J. Sandkühler (Hsg.): Betr.: Gramsci - Philosophie und revolutionäre Politik in Italien. Köln 1980.

14) Diese Bestimmungen werden ausführlich in meinem Buch "Kulturelle Bildung..." (Anmerkung 7) entwickelt.

15) Es liegt auf der Hand, daß es sich hier um zwei verschiedene Verwendungsweisen des Begriffs "Soziokultur" handelt: in einem eher projektbezogenen Zusammenhang als Teil der Projektplanung und in einem gesellschaftsbezogenen Sinn als kultur- und gesellschaftspolitische Strategie.

16) Fuchs, M. (Red.): Kulturarbeit als Gemeinwesentwicklung. Remscheid 1987.

17) Maase, K.: Leben einzeln und frei wie ein Baum und brüderlich wie ein Wald. Frankfurt/M 1985, S. 145.

18) Ebd. S. 146.

19) Dieses methodische Instrumentarium habe ich in meiner Arbeit "Didaktische Prinzipien - Geschichte und Logik", Köln 1985 entwickelt.

1.2
LERNZIEL: "GESTALTUNG UND INSZENIERUNG DES MILIEUS"
Zum Zusammenhang der Fachtagung "Hospital Art" mit der Jugendarbeit

Scheinbare Banalitäten können - wenn sie in ihren Konsequenzen erstgenommen werden - zu wesentlichen Veränderungen in den Einstellungen und vor allem in der Praxis führen.

Zwei bemerkenswerte Sätze aus dem Einstiegsreferat von Prof. Jacob sind mir in Erinnerung:
"Auch der kranke Mensch ist ein Mensch" und "Auch der kranke Mensch ist gesund".[1] Den ersten Satz verstehe ich in der Weise, daß Krankheit nichts daran ändert, daß der betroffene Kranke auch Mensch bleibt. Aber was heißt das? Es muß meines Erachtens heißen, daß ihm alle Entfaltungs- und Wirkungsmöglichkeiten gegeben werden, die auch ein gesunder Mensch hat. In dieselbe Richtung weist meines Erachtens auch die zweite Aussage.

Etwas allgemeiner formuliert bedeutet dies, daß man - gerade dann, wenn man sich um Krankheit bemüht - eine präzise Vorstellung darüber benötigt, was Mensch-sein heißt. Damit ergibt sich eine äußerst plausible Erkenntnis: Medizin, ebenso wie Pädagogik oder andere Disziplinen, die sich mit dem Menschen oder spezifischen Aspekten seines Lebens befassen, brauchen eine anthropologische Fundierung.

Ohne dies hier nun weiter ausführen und begründen zu können[2], will ich im folgenden von einer Auffassung von Menschsein ausgehen, die im Menschen wesentlich ein aktives Wesen sieht, das ein Bedürfnis nach und die Fähigkeit zu einer weitgehenden Gestaltung seiner Lebensbedingungen hat. Gestaltung, Gestaltungsbedürfnis, Gestaltungsfähigkeit sind meines Erachtens untrennbar mit menschlicher Existenz verbunden.

Es liegt auf der Hand, daß eine solche anthropologische Grundlegung Maßstäbe setzt, an denen sich die Praxis messen lassen muß. Kriterium für "humane" Lebensumstände ist also die Möglichkeit und der Grad der Einflußnahme: Mensch sein heißt, Subjekt seiner Verhältnisse zu sein[3]. Daraus leitet sich sofort ein Maßstab für die Beurteilung der gesellschaftliche Verhältnisse ab, da man danach fragen kann:

1. In welcher Weise und in welchem Umfang werden die einzelnen Menschen in die Lage versetzt - etwa durch das öffentliche Bildungswesen -, Einfluß nehmen zu können? Dazu sind Kenntnisse nötig, wo etwa bei der Einflußnahme anzusetzen ist, auf welche Weise sie zu erfolgen hat und welche Ziele realistisch verfolgt werden können.

2. Wie werden Menschen ermutigt, Einfluß zu nehmen? Dies zielt auf die Notwendigkeit, daß eine Einflußnahme strukturell gesellschaftlich vorgesehen sein muß. Die Frage der gesellschaftlichen Erwünschtheit der Beteiligung läßt sich an den Schwierigkeiten oder Sanktionen ablesen, die einer solchen entgegenstehen.

3. Mit der Er- oder Entmutigung zu eingreifendem Handeln ist die Frage nach den Erfolgsaussichten des Eingreifens verbunden, da nichts so sehr motiviert wie der Erfolg.

Diese Liste von Kriterien, die relevant sind für die Beurteilung von Verhältnissen im Hinblick auf die Ermöglichung von Gestaltung, ließe sich fortsetzen. Sie zeigt, daß Betrachtungen von Entwicklungsmöglichkeiten des Individuums nie vorgenommen werden können, ohne die gesellschaftlichen Rahmenbedingungen zu beachten.

"Gesellschaftliche Rahmenbedingungen" sind dabei nicht nur die verfassungsrechtlichen Grundlagen gesellschaftlicher Ordnung, sondern sie sind - für das Individuum sogar noch relevanter - in der gesellschaftlichen Organisation der "Nahbereiche" ablesbar.

Mit dieser Überlegung haben wir nicht nur die gemeinsame Grundlage von pädagogischen und medizinischen Betrachtungen angesprochen, wir sind auch bei der unmittelbaren Themenstellung dieses Beitrags - und der Tagung "Hospital Art" - angelangt: der Relevanz des Milieus.[4]

Allerdings ist der Frageansatz der Tagung um einen entscheidenden Aspekt erweitert: Es kann nicht nur darum gehen, welche Auswirkungen das Milieu auf die Befindlichkeit der Menschen hat, sondern es muß auch darum gehen, zu fragen, in welcher Weise Einwirkungen der Menschen auf das Milieu vorgesehen sind, da in dem anthropologischen Ansatz der hier vorgetragenen Überlegungen dies die entscheidende Rolle spielt.

"Auch ein kranker Mensch ist ein Mensch" lautete die These, die Ausgangspunkt dieser Überlegungen war. Auf der Grundlage der hier skizzierten anthropologischen Grundannahmen läßt sich diese Aussage nun präzisieren und erläutern. Wenn Mensch-sein verbunden ist mit eingreifendem Handeln, so gilt dies entsprechend dieser These auch für kranke Menschen. Eine "analysierende" (das heißt zerlegende) Betrachtungsweise im Gesundheitswesen sieht jedoch nicht mehr den Menschen, sondern nur noch isolierte "Fälle".[5] Natürlich hat diese Betrachtungsweise Gründe, die nicht von vornherein inhuman gedacht sind. Die "Fall"-Denkweise ermöglicht es Ärzten und Pflegepersonal, das tagtägliche Leiden, das sie erleben und gegen das sie zum Teil hilflos sind, psychisch zu überstehen. Denn gerade die "inhumane" Versachlichung menschlicher Schicksale ermöglicht eine Distanzierung als Verarbeitungsform von Leiden anderer[6]. Der von Prof. Jacob erwähnte Arzt, der am Bett jedes einzelnen Patienten weint, wird es sehr schwer haben, dies durchzustehen.

Und doch ist - konsequent den anthropologischen Ansatz dieses Beitrags weitergedacht - dies eine "humanere" Form des Miteinanderumgehens. Denn auch an den verwendeten Verarbeitungsformen alltäglicher Probleme und Krisen wird man ablesen können, welche Qualität die individuelle Existenz hat.

Das Denken in "Fällen" ist zweifellos Teil eines instrumentalen Verständnisses zwischenmenschlicher Beziehungen und damit im Interesse der Schaffung "humaner" Lebensverhältnisse abzulehnen. Denn instrumentelle Beziehungen zeichnen sich gerade dadurch aus, daß andere Menschen benutzt werden, daß über sie verfügt wird. Menschen, über die verfügt wird, sind diesen Verfügungen ausgeliefert. Ausgeliefert sein an Bedingungen und Umstände, deren Ablauf, Logik und Berechtigung nicht bekannt und einsichtig sind, sind jedoch das Gegenteil von "humanen" Verhältnissen, die ja gerade dadurch gekennzeichnet sind, daß sie der menschlichen Gestaltung unterliegen[7]. Es besteht kein Zweifel, daß im größten Teil unseres Gesundheitssystems in diesem Sinne die Menschen ausgeliefert sind: Man verfügt über sie, sie sind ausgeschlossen von Gestaltungsmöglichkeiten, sie sind häufig noch nicht einmal darüber informiert, welche Untersuchungen mit ihnen durchgeführt werden und was die therapeutischen Maßnahmen bewirken sollen.

Es ist klar, daß bei einer solchen Behandlungsmethode eine schlichte Änderung des Milieus keinen Erfolg im Hinblick auf die Befindlichkeit des Patienten hätte: Das soziale Milieu ist mindestens ebenso entscheidend. Letztlich wird man sogar konstatieren müssen, daß der Gestaltung des sozialen Milieus Priorität eingeräumt werden muß, da hier festgelegt wird, welche Form der und welcher Umfang an Einflußnahme auf die Gestaltung des gegenständlichen Milieus möglich ist.

All diese Gedanken gelten für den gesundheitlichen Bereich ebenso wie für den pädagogischen Bereich. Daraus darf man folgern, daß das in jüngster Zeit in der Pädagogik diskutierte Konzept der "Aneignung des Raumes" auch Gültigkeit hat im medizinischen Bereich.[8]

Ebenso übertragbar ist dann auch ein entscheidendes Lernziel bei der Aus- und Fortbildung pädagogischer Mitarbeiter: die in der Überschrift angesprochenen Fähigkeit zur Inszenierung und Gestaltung des Milieus.[9]

Folgende Aspekte erscheinen zunächst widersprüchlich: die Aufforderung, soziales und gegenständliches Milieu zu inszenieren bzw. zu gestalten und dabei gleichzeitig Freiräume für eigene Gestaltung zu lassen.[10] Denn die beste Inszenierung oder Gestaltung, die die Wünsche der Betroffenen außer acht läßt, ist letztlich doch nur wieder eine Gestaltung für andere und keine Gestaltung der Menschen selbst und steht daher im Widerspruch zu der entscheidenden Forderung unseres anthropologischen Ansatzes, daß gerade die eigenverantwortlich praktizierte Einflußnahme das entscheidende ist. Wie ist dieser Widerspruch zu lösen? Wir können ihn dadurch lösen, indem wir unter "Inszenierung" nicht eine verbindlich, vorab festgelegte Handlungsabfolge verstehen. Das zu lernende Kunststück besteht vielmehr darin, solche (soziale und gegenständliche) Räume zu entwerfen, die Handlungsanreize und Handlungsmöglichkeiten bieten, die eine Entwicklung durch die Betroffenen ermöglichen, deren Ergebnis offen ist. Es geht also um die Bereitstellung von Möglichkeitsräumen und offener Situation, es geht um die Schaffung einer handlungsermutigenden Atmosphäre, und es geht um Inszenatoren, die es aushalten, wenn man ihre Rahmeninszenierung umwirft und grundlegend verändert. Ist dies überhaupt möglich? Können solche Qualifikationen und Kompetenzen vermittelt werden?

Man wird tatsächlich solche Fähigkeiten um so seltener finden, je totaler und reglementierter die Institution ist. Ein Nachteil übertriebener Verrechtlichung und Verregelung besteht sicherlich darin, daß sie die für ein Verhalten, wie es hier skizziert worden ist, notwendigen Freiräume beseitigen. Wir finden die angesprochenen Kompetenzen in großem Maße daher in solchen Bereichen, die sich durch einen geringen Grad von Verrechtlichung und einen großen Grad an Freiwilligkeit auszeichnen. Ein solcher Bereich ist sicherlich die Jugendarbeit, so daß es nicht verwunderlich ist, daß entsprechende Fortbildungseinrichtungen die notwendigen Kompetenzen vermitteln. Wenn wir unter "Kultur" vor allem menschwnwürdige Umstände verstehen und wenn wir als "menschenwürdig" solche Umstände ansehen, in denen der Mensch Einfluß nehmen kann auf die Bedingungen seiner Existenz, dann ist es klar, daß sich eine Fortbildungseinrichtung für kulturelle Bildung in besonderer Weise der Vermittlung solcher Fähigkeiten verpflichtet fühlt.[11]

Anmerkungen und Literatur

1. Jacob, W.: Psychosomatische Medizin - ein ganzheitliches Gesundheitsverständnis vom Menschen in seiner Umwelt. Vortrag auf der Internationalen Tagung "Hospital Art" am 12.4.1988 in Remscheid.

2. Vgl. etwa Fuchs, M.: Kulturelle Bildung und Ästhetische Erziehung - Theoretische Grundlagen. Köln 1986. In den persönlichkeitstheoretischen Überlegungen stütze ich mich auf Holzkamp, K.: Grundlegung der Psychologie. Frankfurt/M. 1983.

3. Dies ist der Subjektbegriff des deutschen Idealismus, der unter dem "Subjekt" von Vorgängen ihr Aktivitätszentrum versteht.

4. "Milieu" ist in der pädagogischen Diskussion bislang eher in negativer Wertung verwendet worden, wenn etwa von "milieugeschädigten" Kindern die Rede war. In jüngster Zeit machen sich die Pädagogen die letzte sozialisationstheoretische Errungenschaft der Soziologen zu eigen: den "ökologischen" Ansatz in der Sozialisationstheorie (vgl. den Beitrag von H. Walter in Hurrelman, K./Ulrich, D (Hg.): Handbuch der Sozialisationsforschung Weinheim/Basel 1982-2-). Dieser Ansatz bietet den Vorteil einer ganzheitlichen Herangehensweise. Eine Prüfung, inwieweit seine Plausibilität eher durch die durch ihn ermöglichte Wiedergabe der Erscheinungsebene als durch eine theoretische Durchdringung geleistet wird, steht meines Wissens noch aus.

5. Geradezu sprichwörtlich ist hier die Rede vom "Blinddarm vom Zimmer 5".

6. In diesem Zusammenhang ist sicherlich auch zu beklagen, wie wenig - in den meisten Fällen überhaupt nicht - medizinisches oder sonstiges Pflegepersonal instituionell Gelegenheit hat, seine Probleme aufzuarbeiten.

7. Da "Verhalten" immer "Verhalten zwischen mehreren Beteiligten" ist, schlägt das Praktizieren instrumenteller Personenbeziehungen sofort auf einen selbst zurück, da man sich aufgrund der Reziprozität dieser Beziehungen in den Augen des anderen auch zu einem Instrument macht. Es gibt also gute "egoistische" Gründe, sehr genau zu überlegen, welche Form sozialer Beziehungen man für sich wählt.

8. Diese Perspektive hat für den Bereich der Jugendarbeit Helmut Lessing eingebracht (vgl. Damm/Lessing/Liebel/Naumann: Lebenszeichen Jugend. München 1986; vgl. auch Böhnisch, L./Münchmeier, R.: Wozu Jugendarbeit? Weinheim/München 1987).
Allerdings ist darauf hinzuweisen, daß "Aneignung" ein traditionsreicher Terminus der sich materialistisch verstehenden Pädagogik ist, der weitreichende Implikationen auf das Verständnis von Erziehungs- und Entwicklungsprozessen hat (vgl. Röhr, W.: Aneignung und Persönlichkeit. Berlin 1979).

9. Vgl. hierzu meinen Aufsatz "Kultur lernen?" in M. Fuchs: Kultur lernen? Kritik und Entwurf. Aufsätze zu theoretischen Grundlagen der Pädagogik 1983 - 1987. Remscheid 1987.

10. Dieser Widerspruch erinnert an das Problem, Projektunterricht zu planen, also an die Planbarkeit des Nichtplanbaren. Auch hier ist das Problem lösbar; vgl. Frey, K.: Die Projektmethode. Weiheim 1986.

11. Einen guten Überblick über die Arbeit der Akademie Remscheid geben neben dem Jahresprogramm die jährlichen Tätigkeits- und Geschäftsberichte seit 1987.

1.3
"KREATIVITÄT" - EIN BRAUCHBARES KONZEPT FÜR DIE KULTURELLE JUGENDBILDUNG?

Problemstellung

Man kann es bedauern - ändern kann man es nicht: daß manche neue Wörter sehr schnell in vielen verschiedenen Bereichen angewandt ("vermarktet") werden und schließlich - völlig sinnentleert - für einen seriösen Gebrauch kaum noch zu verwenden sind. Die sehr verschiedenen Verwendungsweisen und -zusammenhänge von "Kreativität" zeigen, daß dies auch das Schicksal dieses Wortes war. Hubert Kirchgäßner skizziert in seinem Beitrag die Vielfalt und auch die Beliebigkeit der Anwendungen: Psychologie und Pädagogik, aber auch Marketing, Rüstung und Politik.

Und doch scheint bei all diesen Verwendungsweisen ein Bedeutungsgehalt durch, der für kulturelle Bildung relevant ist: stets zielt "Kreativität"[1] auf neues Denken, Fühlen oder Handeln.

Man meint dabei zwar neue Verhaltens- und Wahrnehmungsweisen des Individuums, verbindet jedoch oft implizit oder explizit überindividuelle, z.T. sogar gesamtgesellschaftliche Ziele und Strategien. Dies macht "Kreativität" in einer ersten Annäherung in dieser Lokalisierung im Überlappungsbereich von Individuum und Gesellschaft (auch) zu einem sozialpsychologischen Konzept. Damit reiht sich dieser Begriff ein in eine Denkweise, die für uns plausibel und sogar selbstverständlich ist in einer Weise, daß man sehr leicht übersieht, wie eng ein solches Denken mit der spezifischen Form unseres gesellschaftlichen Lebens verbunden ist. Eine gute Methode, solche scheinbaren Selbstverständlichkeiten zu durchbrechen, ist ein Blick in die Geschichte.

Gesellschaftliche Voraussetzungen, Neues zu denken - historische Anmerkungen.

Bei der heutigen Hektik und dem Zwang, ständig Neues anbieten zu müssen, kann man sich kaum noch vorstellen, daß es über sehr lange Zeiträume in unserer Geschichte verpönt, ja geradezu verboten war, Herkömmliches zu verändern.

Die mittelalterliche Produktion, die Organisation des Handwerkers in Zünften, basierte auf der strikten Vermeidung jeder produktionstechnischen Veränderung. Nur so sah man gewährleistet, daß sich bei den begrenzten Absatzmärkten die Zunftmitglieder nicht ihre Existenz vernichteten. Immerhin ist es über eine recht lange Zeit mit solchen Regelungen gelungen, zumindest in gesellschaftlichen Teilbereichen Entwicklung zu verhindern.[2]

Mit diesem historischen Hinweis ist eine zentrale Verbindung zwischen Individuum und Gesellschaftsstruktur aufgezeigt: Individueller Erfindungsreichtum, Innovation im Denken und Handeln ist sehr eng verbunden mit Vorstellungen über den "richtigen" Zustand der Gesellschaft. Der Beginn der Neuzeit bahnt sich daher nicht von ungefähr mit "utopischen" Entwürfen über ganz neue, ganz andere Formen des gesellschaftlichen Lebens an: Campanellas "Sonnenstaat", Bacons "Atlantis", Thomas Morus' "Utopia" sind einige Entwürfe.[3]

Sie sprengen die mittelalterliche Denkweise des Bewahrens und bloßen Überliefens. Mit der Ausweitung des Handelsraumes durch die Reisen der Händler und "Entdecker" öffnet sich auch die Denkweise: Das Bürgertum erringt die ökonomische Hegemonie, es erringt die ideologisch-geistige und kulturelle Hegemonie.

Seit der Renaissance finden daher vor allem solche Verfahren größtes Interesse, von denen man annimmt, daß sie Neues zu produzieren imstande sind. Die jüdische Kabbala - Hubert Kirchgäßner weist darauf hin - ist etwa Ursprung für eine sehr interessante und trotz ihrer zum Teil scharlatanaresken Anwendungen (etwa bei Raimondo Lullus) Ausgangspunkt für letztlich sehr produktive Versuche, neue Erkenntnis methodisch zu produzieren. Überhaupt verhilft dieses Motiv, neue Erkenntnisse nicht nur abhängig zu machen von dem Augenblick und der Zufälligkeit des Einfalls, der Thematisierung von "Methode" zu einer enormen Konjunktur. Gesucht ist die universelle Methode, die alles Wissen zu finden erlaubt, die zugleich alles Wissen[4] an alle zu vermitteln gestattet.

Man will eine Methodisierung des Schöpferischen, und man will seine Demokratisierung. Der Aufstieg des Bürgertums ist von Anfang an begleitet von einer Forschungseuphorie und -offensive und zugleich von einer pädagogischen Offensive. Es liegt auf der Hand, daß man sich mit dieser Auffassung, die etwa in der Überzeugung, daß menschliches Wissen zwar an Umfang dem göttlichen Wissen unterlegen, an Qualität jedoch ebenbürtig ist, ihren Ausdruck findet, mächtige Feinde schafft. Der politische Streit um die Macht hat als einen wichtigen Austragungsort daher den Streit um das Bildungsmonopol.

Ein zentraler Schlüsselbegriff für die neue Form des Denkens, des Produzierens, der politischen und sozialen Ordnung ist der des Fortschritts. Neues zu entwickeln oder zu entdecken, das die "Beförderung des Menschengeschlechts"[5] bewirkt, das die in den genannten Utopien antizipierten, geradezu paradiesischen Zustände herbeiführt: dies ist das Leitmotiv der beginnenden Neuzeit. Seinen elaboriertesten und reflektiertesten Ausdruck findet dies in der geistesgeschichtlichen Epoche der Aufklärung. Die Denker der Aufklärung haben alle starke pädagogische Ambitionen. Die typische Denkfigur des Aufklärungsdenkens ist, gesellschaftliche Zustände durch eine verbesserte Bildung und Ausbildung, durch vergrößertes Wissen und entsprechende Einstellungen und Werthaltungen zu verändern: Gesellschaftlicher Fortschritt durch eine durch pädagogische Maßnahmen zu bewirkende Bildung der Individuen.[6]

Die "Dialektik der Aufklärung"[7] ist hinreichend beschrieben. Die Illusionen und Hoffnungen in die neue Gesellschaftsordnung haben sich zum einen nicht so rasch und zum andern nicht in der gewünschten Form realisiert.

Man wird die Erfolgsaussichten pädagogischer Intervention heute bescheidener beurteilen als in dieser heroischen Etappe im Streit der gesellschaftlichen Gruppen um die Hegemonie. Für uns bleibt jedoch weiter bedenkens- und bemerkenswert die Deutlichkeit, mit der der Zusammenhang von Menschenbild, Erziehung und gesellschaftlicher Situation aufgezeigt wurde. Ich will nicht die Sympathie verhehlen, die ich für die zentrale aufklärerische Leitfigur empfinde: Prometheus, der den Zorn der Götter riskiert, als er den Menschen das Feuer brachte. Es gilt m.E. entgegen allem Kulturpessimismus immer noch die Aussage: "Auf Prometheus ist nicht zu verzichten!" Die Frage ist nur, in welcher Form eine solche wagemutige "Kreativität" als Konzept, das auf Neues, Entwicklung und Fortschritt orientiert, für uns noch brauchbar ist.

Um dies zu beurteilen, wird man eine Präzisierung der anthropologischen Grundlagen vornehmen müssen.

Kreativität und Menschenbild

Jede Verwendungsweise des Begriffs "Kreativität" unterstellt die prinzipielle Möglichkeit des Menschen, Neues zu denken und zu entwickeln und auch, anders zu handeln als bisher. Damit geht dieses Konzept auch in Verwendungszusammenhängen, die man aus der Sicht der kulturellen Bildung kritisch wird betrachten müssen, von der Entwicklungsfähigkeit des Menschen aus. Ich werte dies zunächst einmal positiv, da es übereinstimmt mit einer Vorstellung vom Menschen, die diesen als produktives und entwicklungsorientiertes Wesen begreift.

Die Entwicklung des Menschen[8] war verbunden und konnte auch nur so stattfinden mit einer zunehmenden Herrschaft über die Natur, mit wachsenden Kenntnissen der Naturgesetze, mit wachsenden Bedürfnissen zur Gestaltung seiner Lebensbedingungen und mit wachsenden Fähigkeiten, diese Gestaltungsbedürfnisse zu befriedigen. Als Gattungswesen ist der Mensch wesentlich ein handelndes, ein gestaltendes Wesen. M.E. läßt sich aus dieser historischen Tatsache als zentrales Ziel menschlicher Entwicklung die (gemeinschaftliche) Beherrschung[9] seiner Lebensbedingungen ableiten. Dies weitergedacht ergeben sich eine Vielzahl von Handlungsanforderungen und auch von Kriterien zur Beurteilung der Lebensumstände, da das Ausmaß der Beherrschung der Lebensumstände dann als Indikator für den Grad ihrer "Humanität" gelten kann.

Was bedeutet diese anthropologische Skizze für das Problem mit der Kreativität? In unserer äußerst komplexen Gesellschaft steckt jeder Mensch in einer Vielzahl von Handlungsvollzügen. Ständig muß er Veränderungen seiner Umwelt verarbeiten, muß sich auf neue Situationen einstellen, Entscheidungen treffen, sich Ziele setzen und diese verfolgen. Für all dieses Handlungsaufforderungen gibt es keine ein für alle mal zu lernenden stereotypen Handlungsmuster, so daß man von der Notwendigkeit einer alltäglichen Kreativität ausgehen muß, ohne die auch ohne spektakuläre Großtaten das Leben nicht angemessen - und das heißt: "human" im oben verstandenen Sinn - bewältigt werden kann.

Kreativität zunächst einmal als eine alltägliche, im üblichen Lebensvollzug notwendige Eigenschaft der Lebensbewältigung zu verstehen, verschiebt das hier zu diskutierende Problem von der Ebene der großen Genies und Erfinder in unseren Alltag[10]

Wir finden die Notwendigkeit, kreativ zu handeln, natürlich in der künstlerischen Betätigung, wir finden sie jedoch auch bei Fragen der Organisation, Verwaltung und Finanzierung, und wir finden sie dann, wenn Gelerntes in die eigene Praxis umgesetzt werden muß. Wir finden sie als Cleverness geschickter Vertreter und Händler, bei Steuerspekulanten und natürlich in der Wissenschaft. Es stellt sich also nicht mehr die Frage, ob Kreativität relevant ist für uns, oder ob sie es nicht ist; die Frage kann nur lauten: in welchen Bereichen, in welcher Form, mit welcher Zielrichtung? Ist dies befriedigend beantwortet, kann man überlegen, wie man pädagogisch unterstützend damit umzugehen hat.

Kulturelle Bildung

Mit diesen Überlegungen zur alltäglichen Präsenz von Kreativität gerät diese leicht zu einer inhaltsneutralen, bloß formalen Ausrichtung der Persönlichkeit. Die Förderung einer solchen "Sekundärtugend" ist meines Erachtens nicht primäres Anliegen der kulturellen Bildung. Um dies zu erläutern, ist jedoch eine (kurze) Arbeit am Begriff der kulturellen Bildung nötig. Bei der Bestimmung des Humanen habe ich mich wesentlich auf den (m.E. entscheidenden) Aspekt des eingreifenden Handelns zum Zwecke der Beherrschung der Lebensbedingungen bezogen. An diese Ausprägung der Lebensumstände, nämlich weitestgehend unter

Kontrolle und Verfügungsmacht der Menschen zu sein, binde ich die Bestimmung des Kulturbegriffs: Ich verstehe unter "Kultur" eine "menschenwürdige", humane Lebensweise im obigen Verständnis von "human".

"Bildung" bei diesem anthropologischen Grundverständnis bezieht sich auf eine bewußte Beziehung zu sich, zu seiner eigenen und gesellschaftlichen Geschichte und zur Umwelt.[11]

"Gebildet" ist also weniger der bloß nachdenkende, über vielfältiges Wissen verfügende und kontemplative Mensch: "gebildet" ist vielmehr der aktiv eingreifende, sich reflexiv mit sich und seiner Umwelt auseinandersetzende Mensch.

"Bildung" ist daher eine spezifische Ausrichtung der dialektischen Beziehung zwischen Individuum und gesellschaftlicher und natürlicher Umwelt.

Das Attribut "kulturell" unterstreicht diese Ausrichtung: es orientiert den kulturell gebildeten Menschen auf das Ziel, sich zum Subjekt seiner Verhältnisse zu machen. Bei dieser Bestimmung von "kultureller Bildung" wird zunächst kein Bezug zu den Künsten und zu künstlerischer Praxis vorgenommen.

Nachdem jedoch das Wort "kulturelle Bildung" wie oben skizziert mit Inhalt gefüllt ist, kann sich künstlerische Praxis hierauf beziehen: Kunst und künstlerische Praxis als Form der Aneignung der Welt, als Verarbeitung der und Auseinandersetzung mit der Umwelt, als expressives Ausdrucksmittel und als Möglichkeit zur Vergegenständlichung auch von rational zunächst nicht faßbaren Erfahrungen, und schließlich als Möglichkeit zur Antizipation, zur Formulierung von Utopien und Perspektiven.

Insofern all dies eng verbunden ist mit der Frage nach dem Sinn des Lebens, wird Kunst und künstlerische Praxis zur sinnvollen - wenn auch nicht notwendig unmittelbar zweckhaften - Ausdrucks- und Handlungsform des Menschen.

Kulturelle Bildung und Kreativität

Derart begrifflich gerüstet, können wir uns nun an unsere zentrale Fragestellung heranwagen. Die negativen Folgen einer unkontrollierten Anwendung technisch-naturwissenschaftlicher Ergebnisse haben heute den Fortschrittsbegriff generell in Verruf gebracht. Kaum jemand würde heute noch den Optimismus der Aufklärer in eine automatische und lineare Entwicklung der Gesellschaft zum Besseren teilen. Damit ist zugleich die Bedeutung des "Neuen" in Frage gestellt. Tatsächlich wird man alleine die Tatsache, daß etwas "neu" ist, heute nicht mehr als positives Werturteil gelten lassen. Die Fülle und Überfülle unseres Warenangebotes, die Anstrengungen der Werbung, diese Waren zum Verkauf zu bringen: all dies zieht zunehmend Skepsis auf sich.

Eine Kreativität, die sich also bloß auf Neues kapriziert, ist sicherlich nicht das, was wir heute brauchen.

Wir benötigen vielmehr eine kritische Sichtung, die Vorhandenes und Neues an Werten mißt. Forderungen wie die nach einer "sozialen Nutzung des technischen Fortschritts" oder Programme wie das nordrheinwestfälische Vorhaben einer "sozialverträglichen Technikgestaltung" deuten, sofern sie ernstgenommen werden, in diese Richtung. Obwohl in dieser allgemeinen Form nicht operationalisierbar und anwendbar ist der m.E. entscheidende Maßstab die Frage, inwieweit Neuerungen Ausgeliefertsein abbauen, Einflußnahme und Gestaltung ermöglichen, Perspektiven eröffnen, Erkenntnisse über die eigene Situation in der Gesellschaft vermitteln, das Netz der Beziehungen zur Umwelt verstärken und vergrößern. [12]

Das Neue kann so gesehen eindeutig negativ gewertet werden, wenn es sich um neue Verfahren der Unterdrückung, der Ausbeutung, der Fremdkontrolle, der Militarisierung, des Betruges handelt. Diese moralische Sichtweise gilt natürlich in den schicksalhaften Fragen wissenschaftlicher Forschung - und wurde auf verschiedene Weise von Dürrenmatt in den "Physikern", von Brecht in seinem "Galilei" oder von Weiß in "Oppenheimer" eindrucksvoll gestaltet. Brechts "erfindungsreiche Zwerge", also hoch-, aber einseitig qualifizierte Technokraten, die äußerst kreativ neue Verfahren der Menschheitszerstörung austüfteln, die ihre kreativen Potenzen meistbietend verkaufen: diese Persönlichkeitsformen können nicht Entwicklungsziel kultureller Bildungsprozesse sein. Aber nicht nur in diesen großen Fragen: auch bei der alltäglichen Kreativität ist zu fragen, wofür und mit welcher Zielrichtung kreatives Verhalten gebraucht wird.

Daraus folgt, daß Pädagogik, die sich verantwortungsvoll um die Förderung von Kreativität bemüht, stets mehr sein muß als die Einübung methodischer Tricks und Verfahren, Neues zu generieren. Wird dies bedacht, dann eröffnet gerade die reflexive Auseinandersetzung mit solchen Fragen wie:
- Wem wird die Möglichkeit zugestanden, kreativ zu sein?
- Wo darf man kreativ sein?
- Welche Ziele werden vorgegeben?
- Welche Realisierungschancen für Erdachtes gibt es?

eine gute Chance für die kulturelle (und politische) Bildungsarbeit.

In diesem Rahmen wird dann eine pädagogische Auseinandersetzung mit Möglichkeiten zur Förderung und Unterstützung kreativen Verhaltens nicht nur legitim, sondern sogar notwendig. In diesem allgemeinen Beitrag sind jedoch auch nur allgemeine Rahmenbedingungen für einen pädagogischen Umgang mit Kreativität zu geben. Mehr als knappe Aussagen sind auch deshalb nicht möglich, da m.E. kreative Prozesse vorwiegend bereichsspezifisch ablaufen. Ohne dies hier belegen zu können und zu wollen, meine ich, daß man zwar (begrenzt) eine allgemeine Haltung oder Orientierung dafür, einmal etwas Neues zu wagen, mal "querzudenken", einmal andere Sicht- und Wahrnehmungsweisen auszuprobieren, vermitteln kann, daß jedoch die Effektivität der Umsetzung oder der nachhaltigen Habitualisierung des so gefundenen Neuen nur in Bereichen möglich ist, bei denen auch die bereichsspezifische fachliche Fundierung bei der pädagogischen Anleitung vorhanden ist.[13]

Die allgemeinen pädagogischen Anmerkungen sind daher wenig originell: Die Lust am Neuen setzt ein gewisses Maß an Sicherheit voraus. Ein unsicherer Mensch riskiert in der Regel wenig, da er ohnehin ständig das Gefühl der Fremdkontrolle hat.

Notwendig ist also ein "Milieu", das vorhandenes Verhalten stabilisiert, damit neues Verhalten überhaupt zustande kommen kann.

Die notwendige menschliche - und auch pädagogische - Grundhaltung ist daher Vertrauen. Man kann unter diesem Blickwinkel dann das Ausmaß des kreativen Verhaltens zum Indikator dafür machen, inwieweit eine pädagogisch fruchtbare Atmosphäre herzustellen gelungen ist. Das angesprochene "Milieu" ist dabei sowohl das räumlich- gegenständliche, vor allem aber das soziale Milieu.[14]

Die Ermutigung zu kreativem Verhalten sowohl im Hinblick auf die pädagogische Atmosphäre als auch auf die mit intrinsischer Motivation verbundene fachliche Fundiertheit der Anleitung wird daher zu einem nicht bloß - wie in der Überschrift gefragt - "brauchbaren", sondern sogar zu einem notwendigen Konzept in der kulturellen Bildung.

Anmerkungen und Literatur

1) Ziel dieses Beitrages ist nicht eine neue "Definition" des Begriffs, sondern die diskursive Entwicklung einzelner Bestimmungen. Eine definitorische Annäherung, die für unsere Zwecke ausreicht, bieten Hans Mayrhofer und Wolfgang Zacharias in dem Artikel "Kreativität" in Bauer u.a. : Kritische Stichwörter: Kinderkultur?, München 1978, S. 227 ff. Danach meint man in den verschiedenen Verwendungszusammenhängen von "Kreativität" eine 'spezifische menschliche Fähigkeit bei der Aneignung der materiellen, sozialen und idealen Wirklichkeit', deren Besonderheit darin liegt, "daß sie zu Veränderungen führt und daß in einem produktiven Prozeß Neues entsteht, wobei je nach Forschungsinteresse und -hintergrund unterschiedliche Auffassungen darüber herrschen, ob dieses "Neue" etwas grundsätzlich Neues sein muß oder neu nur in Bezug auf das hervorbringende Individuum, eine Gruppe, einen Lebenszusammenhang."

2) So heißt es in recht moderner Sprache in mittelalterlichen Nürnberger Akten zu dieser Frage: "Technischer Fortschritt in arbeitssparender Form wird im allgemeinen von den Zünften und dem Rat scharf abgelehnt, da sie... von seiner Einführung eine Freisetzung von Arbeitskräften, damit Einkommensminderungen, Almosenlasten und dergleichen befürchten". Zitiert nach W. Jacobeit: Arbeit und Arbeitswerkzeuge,

in J. Kuczynski: Geschichte des Alltags des deutschen Volkes, Bd. 1, Köln 1981, S. 365.

3) Vgl. hierzu Bloch, E: Vom Geist der Utopie, Frankfurt/M. 1965.

4) Der kombinatorische Umgang mit Buchstaben und Symbolen, der der Kabbala zugrunde liegt, findet sich als "Aggregationsmodell" der Wisenschaft bereits in der griechischen Antike. Unmittelbar auf die Kabbala bezieht sich später Leibniz, als er seine ars combinatoria entwickelt. Die Realisierung des weitreichenden Planes, hiermit einen universellen Wissensgenerator zu entwickeln, ist ihm zwar in der gewünschten Form nicht gelungen. Immerhin diente seine Grundidee dazu, korrekt zu beweisen, daß ein solcher formaler Wissensgenerator prinzipiell unmöglich ist - eine zentrale Aussage gerade bei der Diskussion der Frage, wie weit kreative Computerprogrammierung bei der Produktion noch unbekannten Wissens reichen kann.

Die wissenschaftshistorische Entwicklung kann man bei M. Fuchs: Untersuchungen zur Genese des mathematischen und naturwissenschaftlichen Denkens. Weinheim/Basel 1984, nachlesen. Der "Erbe" von Leibniz, der mit dessen Methode die Unmöglichkeit seines Zieles nachweisen konnte, ist Kurt Gödel mit seinem kaum zu überschätzenden "Gödelschen Unvollständigkeitssatz"; vgl. D. Hofstadter: Gödel, Escher, Bach. Stuttgart 1985. Für die Streiter für menschliche Phantasie ist dieses Ergebnis insofern äußerst bedeutungs voll, als es zeigt, daß der Formalisierung des menschlichen Denkens prinzipielle Schranken gesetzt sind und auf inhaltliches Nachdenken, sachbezogene Kreativität und Intuition nicht verzichtet werden kann. Gödels bahnbrechende Arbeit hieß übrigens "Über formal unentscheidbare Sätze der Principia Mathematica und verwandter Systeme, I" und erschien 1931 in den Monatsheften für Mathematik und Physik. Die rationale Analyse kreativer Prozesse beginnt, wie man auch bei Hubert Kirchgäßner nachlesen kann, natürlich nicht mit Guilford: Die aristotelische Topik gewährt als eine Art Wahrscheinlichkeitslogik auch unsicherem Wissen philosopischen Rang. Die Thematisierung von Heuristik in der Geschichte der Wissenschaft, die zahlreichen Selbststudien von Künstlern und Wissenschaftlern, etwa Hadamards Studie über die" Psychology of Mathematical Invention" bis hin zu der Entwicklung einer "Kreativitätslogik" von Loeser, zeigen das große Interesse an dieser Fragestellung. Eine Auswahl bietet G. Ulmann (Hg.): Kreativitätsforschung. Köln 1973.

5) So ein gängiger Topos in Titeln oder Untertiteln von wissenschaftlichen Arbeiten aus dieser Zeit.

6) Sehr eindrucksvoll wird dies bereits im vollständigen Titel des epochebestimmenden Werks des großen tschechischen Pädagogen und Philosophen Jan Komensky (Johan Comenius) ausgedrückt:"GROSSE DIDAKTIK. Die vollständige Kunst, alle Menschen alles zu lehren oder sichere und vorzügliche Art und Weise, in allen Gemeinden, Städten und Dörfern eines jeden christlichen Landes Schulen zu errichten, in denen die gesamte Jugend beiderlei Geschlechts ohne jede Ausnahme rasch, angenehm und gründlich in den Wissenschaften gebildet, zu guten Sitten geführt, mit Frömmigkeit erfüllt und auf diese Weise in den Jugendjahren zu allem, was für dieses und das künftige Leben nötig ist, angeleitet werden kann; worin von allem, wozu wir raten, die GRUNDLAGE in der Natur der Sache selbst gezeigt, die WAHRHEIT durch Vergleichsbeispiele aus den mechanischen Künsten dargetan, die REIHENFOLGE nach Jahren, Monaten, Tagen und Stunden festgelegt und schließlich der WEG gewiesen wird, auf dem sich alles leicht und mit Sicherheit erreichen läßt. Erstes und letztes Ziel unserer Didaktik soll es sein, die Unterrichtsweise aufzuspüren und zu erkunden, bei welcher die Lehrer weniger zu lehren brauchen, die Schüler dennoch mehr lernen; in den Schulen weniger Lärm, Überdruß und unnütze Mühe herrsche, dafür mehr Freiheit, Vergnügen und wahrhafter Fortschritt; in der Christenheit weniger Finsternis, Verwirrung und Streit, dafür mehr Licht, Ordnung, Friede und Ruhe." Comenius ist übrigens auch ein typischer Vertreter der in Anmerkung 4 ange-

sprochenen kombinatorischen Methode, vgl. M. Fuchs: Didaktische Prinzipien, Geschichte und Logik, Kap. 2.2., Köln 1984.

7) Natürlich bezieht sich dies auf die gleichnamige Aufsatzsammlung von M. Horkheimer und Th. Adorno. In der Studie "Das Scheitern des Philantropen Ernst Christian Trapp zur sozialen Genese der Erziehungswissenschaft im achtzehnten Jahrhundert", Weinheim/Basel 1985, untersuche ich Größe und Grenzen des philosophischen, politischen und v.a. pädagogischen Aufklärungsdenkens.

8) Die hier skizzierte Persönlichkeitstheorie ist ausführlicher dargestellt und begründet in meinen Büchern "Kulturelle Bildung und Ästhetische Erziehung" (Köln 1986) und "Jugend als Entwicklungsaufgabe" (Ms.; Remscheid 1987). Sie stützt sich vor allem auf K. Holzkamp: Grundlegung der Psychologie. Frankfurt/ M.1983.

9) Von "Herrschaft" über die Lebensbedingungen und vor allem über die Natur zu sprechen, ist heute problematisch geworden. Zu sehr leiden wir inzwischen an den Folgen dieser Herrschaft, die uns ermahnen, häufiger an die Stelle von Herrschaftswünschen Respekt treten zu lassen und nicht durch ständiges Eingreifen zum Zwecke der Verwertung Schaden anzurichten, dessen Folgen nicht abzusehen sind. Diese Skrupel und diese Skepsis gegenüber solchen Allmachtvorstellungen sind zweifellos berechtigt. Nur: Es gibt auch einen Begriff von Herrschaft, der gerade die Einsicht in nicht beeinflußbare Gesetzmäßigkeiten einschließt, der in Einklang mit ökologischen Erwägungen steht. Möglicherweise kann dieser Begriff von Herrschaft bei dem heutigen Diskussionsstand nicht vorausgesetzt werden. Ich möchte trotzdem diese Begrifflichkeit beibehalten, da sie sich einer bestimmten geistesgeschichtlichen Tradition verpflichtet fühlt, und appelliere an den Leser, sich ein Stück weit auf ein inhaltliches Veständnis von Begriffen einzulassen, wie es im Text erläutert oder zumindest angedeutet wird, auch wenn es der eigenen Begrifflichkeit nicht entspricht.

10) Diese These deckt sich mit einem spezifischen Verständnis der Ontogenese: diese nämlich nicht bloß als Übernahme fertiger Wissenselemente und Verhaltens- und Einstellungsmuster zu begreifen, sondern als deren individuelle Produktion, d.h. als (re-)kreativen Akt.

11) Dieser Bildungsbegriff findet sich auch in der Reformulierung von Aussagen der geisteswissenschaftlichen Pädagogik etwa durch Wolfgang Klafki; vgl. W. Klafki: Geisteswissenschaftliche Pädagogik. (Fernuniversität) Hagen 1982.

12) Damit wird zugleich eine Kreativität kritisiert, die Innovation im Kleinen bei gleichzeitiger Konformität im Großen fordert. Neuerdings darf man sich bei dieser kritischen Haltung gerade im Bereich der Kunst auf den Bundespräsidenten beziehen. Aus marxistischer Sicht kritisieren G. und H.-H. Mehlhorn solche Konzepte in ihrem Buch "Zur Kritik der bürgerlichen Kreativitätsforschung", Berlin 1977.

13) Natürlich gibt es zu den einzelnen Dimensionen der Persönlichkeit lehr- und lernbare Verfahren, wie man zu neuem Denken, Empfinden, Wahrnehmen oder Handeln kommen kann. Am weitesten gediehen sind dabei sicherlich Untersuchungen zum kognitiven Bereich. Strategien zur Entwicklung von Wissen wie etwa systematische Reorganisation, Perspektivwechsel, Analogienbildung etc. kann man lehren und lernen. Schwieriger ist es schon bei den Empfindungen oder gar beim Handeln. Es dürfte immer noch weitgehend rätselhaft sein, wie neue Einstellungen oder Überzeugungen zustande kommen, die letztlich auch ein anderes Verhalten motivieren. Vgl. hierzu meinen Aufsatz: "Lernziel: Gestaltung und Inszenierung des "Milieus". In: Dokumentation der Fachtagung "Hospital Art" des Instituts für Bildung und Kultur (im Erscheinen).

1.4
BEDEUTUNG UND PERSPEKTIVEN KULTURELLER BILDUNG HEUTE

Vorbemerkung

Über "Bedeutung" einerseits und "Perspektiven" andererseits von kultureller Bildung zu sprechen, könnte nahelegen, das Thema zweizuteilen:

Der Teil, der sich mit der Bedeutung kultureller Bildung auseinandersetzt, hätte einen äußerst euphorischen Tenor. Man könnte darstellen, daß ohne kulturelle Bildung heute in unserer Gesellschaft nichts mehr läuft, daß praktisch alles Kultur ist und ohne Kultur nichts mehr funktioniert.

Gegenüber diesem ersten Teil, der getragen wäre von Omnipotenzvorstellungen über die Bedeutung kultureller Bildung, käme quasi als Kontrapunkt unter dem Abschnitt "Perspektiven" eine sehr dramatische Beschreibung der schlechten finanziellen Ausstattung, eine Ansammlung von Vorwürfen, warum öffentliche und private Geldgeber uns daran hindern, die in dem ersten Teil skizzierten Ziele und Möglichkeiten von kultureller Bildung zu realisieren. Tenor diese zweiten Abschnittes wäre also Resignation.

Eine solche Dramaturgie im Ablauf eines Vortrages habe ich nicht erfunden. Ich habe sie am Wochenende bei der Abschlußveranstaltung von "Kultur 90" erlebt, als genau dieses geschah. "Kultur 90" - dies zur Erklärung - war ein großes Programm von zahlreichen nordrhein-westfälischen Städten, die sich die Aufgabe gestellt haben, alle Gesellschafts- und Politikbereiche danach auszuloten, inwieweit sie "kulturhaltig" sind. Die Städte übernahmen Themenstellungen wie "Kultur und Arbeit", "Kultur und Freizeit", "Kultur und Stadtplanung", "Kultur und Wirtschaft" usw. Innerhalb von drei Jahren fanden zu den gewählten Themenschwerpunkten Fachtagungen statt, es wurden Forschungsprojekte durchgeführt und es wurden auch zahlreiche künstlerische und kulturelle Aktivitäten geplant und realisiert.[1]

Bei dieser Abschlußveranstaltung ist nun genau das geschehen, was ich eingangs beschrieben habe: es traten die Kulturdezernenten der beteiligten Städte auf und stellten in ihrem ersten Abschnitt vor, daß weder der Freizeitbereich noch der Arbeitsbereich, weder der Jugendbereich noch die Wirtschaft ohne Kultur zu verstehen und auch zu bewältigen seien, daß die Kulturleute, insbesondere die Kulturdezernenten Entscheidendes beizutragen hätten zu jedem dieser Teilbereiche und daß man daher bitte auch auf sie hören möge.

Der zweite Teil bestand darin, daß beklagt wurde, daß genau dies nicht oder zumindest zu wenig geschehe. Dies war übrigens der Form der Präsentation der Ergebnisse von "Kultur 90" anzusehen: denn es waren die *Kultur*dezenenten und nicht die *Wirtschafts*dezernenten, die von der wirtschaftlichen Bedeutung von Kultur sprachen; es war der Kulturdezernent und nicht der Stadtplaner, der Kultur als entscheidend für jegliche Form von Stadtplanung darstellte; kurz es waren meines Erachtens die falschen Leute, die der Kultur ihre überragende Potenz, überall mitsprechen und qualifizierte Beiträge leisten zu können, zuerkannten.

Auch aus diesem Grunde will ich dieser Verlockung, nämlich kulturelle Bildung zwischen Omnipotenz und Resignation anzusiedeln, hier versuchen zu entgehen und ein realistisches Bild über die Chancen und Möglichkeiten kultureller Bildung zu zeichnen, ohne ihre Grenzen zu vergessen, ohne zu vergessen, daß durch Kultur und kulturelle Bildung nicht alle bisher vorhandenen und praktizierten Aufgaben- und Problemlösungen überflüssig werden.

Was verstehen wir unter kultureller Bildung?

"Kulturelle Bildung" hat sich bislang erfolgreich einer umfassenden, widerspruchsfreien und allseits anerkannten definitorischen Bestimmung entzogen. Ich werde daher ganz pragmatisch bei der Erläuterung meines Verständnisses von kultureller Bildung von der Einrichtung ausgehen, in der ich arbeite: von der Akademie Remscheid für musische Bildung und Medienerziehung.

In unserem Programm beschreiben wir "kulturelle Bildung" wie folgt:

"Kulturelle Bildung zeichnet sich durch sinnliche Anschaulichkeit und spielerischen Erlebnisreichtum aus. Dadurch ist sie geeignet, neben den intellektuellen die sozialen und emotionalen Fähigkeiten eines Menschen zu aktivieren. In diesem Sinn versucht die Akademie Remscheid einen pädagogischen Ansatz zu verwirklichen, der den ganzen Menschen erfaßt."

An späterer Stelle geben wir die folgenden Lernziele an:

- Differenzierung der Wahrnehmungsfähigkeit (Selbst-, Fremd- und Sachwahrnehmung),
- Anregung von individueller und sozialer Kreativität
- Entwicklung von Urteilskraft
- Verbesserung der Kooperationsfähigkeit

Ein weiterer Blick in unser Programm zeigt außerdem, daß wir Fortbildungsangebote in den einzelnen künstlerischen Bereichen wie Musik, Tanz, Literatur, Theater, Rhythmik, Bildende Kunst und Fotografie machen, daß wir Dozenturen für die technischen Massenmedien, für Spielpädagogik und Sozialpsychologie und Beratung haben, in denen wir diese genannten Ziele fachspezifisch und fächerübergreifend zu realisieren versuchen. Damit wird deutlich, für welchen Teilbereich der kulturellen Bildung wir uns zuständig fühlen und von dessen pädagogischen Wert wir überzeugt sind.

Diese Überlegungen und Formulierungen stehen jedoch am Ende einer nunmehr dreißigjährigen Geschichte unseres Instituts. Um zu verstehen, wie eine solche Arbeitsbeschreibung zustande kommt, dürfte ein Blick in die Geschichte nützlich sein. Ein solcher historischer Rückblick wird außerdem zeigen, daß die Geschichte der kulturellen Bildung keineswegs ohne Brüche und Widersprüche verlief.[3)]

Schon alleine bei der Erwähnung des vollständigen Namens der Einrichtung, die ich hier vertrete, war an einer Stelle eine gewisse Irritation festzustellen, nämlich dann, als ich von dem "Musischen" sprach. Genau dieses begleitet die Geschichte der Akademie Remscheid ununterbrochen. Man kann die dreißig Jahre Geschichte der Akademie Remscheid geradezu als dreißigjährige Auseinandersetzung um das Verständnis des "Musischen" interpretieren. Vielleicht können einige Bemerkungen zu den Entstehungsbedingungen dieser Akademie, die damals als "Musische Bildungsstätte" geplant und gegründet wurde, weiterhelfen.

Es waren vor allem gesellschaftliche Gründe, die dem lange vorhandenen Anliegen zur Gründung einer derartigen Einrichtung schließlich zum Erfolg verhalfen: das Unbehagen über das Wirtschaftswunder und über die möglichen Folgen des neuen materiellen Reichtums, insbesondere auf die Jugend. Man sah gegen zu starke materielle Tendenzen, gegen eine Dominanz des Konsumierens in einer "musischen" Betätigung ein geeignetes Gegengewicht. Es wurden eine ganze Reihe von Denkschriften entwickelt, die ihren geistigen Ursprung in der musikalischen Jugendbewegung und in der reformpädagogischen Bewegung der 20er Jahre nicht verhehlen konnte. Musische Bildung, wie sie insbesondere in den elaboriertesten Vorstellungen von Haase und Götsch ausformuliert wurde[4)], hatte starke antiindustrielle und auch antirationale Tendenzen. Dies findet sich auch in den Denkschriften, die eine Gründung von musischen Bildungsstätten forderten. Es wurde der Wunsch nach der Errichtung von verschiedenen musischen Bildungsstätten in den verschiedenen Teilen Deutschlands erhoben; jedoch wurde nur eine einzige derartige Einrichtung realisiert: die "Musische Bildungsstätte" in Remscheid, die ihre Tätigkeit 1958 aufnahm.

Die neugewonnenen jungen Dozenten, die die ursprünglichen Konzepte und Planungen nun mit Leben und Inhalt füllen sollten, hatten jedoch zum einen nicht die Sozialisationshintergründe, die die Autoren der Denkschriften zu ihren Formulierungen veranlaßten, zum anderen mußten sie sich vor allem mit jungen Menschen auseinandersetzen, die sich für eine berufliche Tätigkeit in sozialen Spannungsfeldern vorbereiteten.

Das "Musische" war daher insbesondere in der antiintellektuellen Fassung, wie sie sich auch in verschiedenen Denkschriften findet, von Anfang an umstritten. Die Dozenten entwickelten sehr praxisnah gesellschaftsbezogene Konzepte, die heute durchaus als Vorläufer einer heute zeitgemäßen kulturellen Bildung gelten können. Gesellschaftliche Probleme wurden nicht ausgeklammert, sondern waren integraler Bestandteil der Arbeitskonzepte. "Lebensweltliche Orientierung" der Arbeit war damals zwar kein verbreiteter pädagogischer Begriff, jedoch praktiziertes Konzept.[5]

Heute hat die Akademie Remscheid Fortbildungsangebote zu machen für Teilnehmer, die aus dem gesamten Bereich der Jugend-, Bildungs- und Kulturarbeit kommen. Das Spektrum reicht von traditionellen Kultureinrichtungen über Musikschulen, die in den 50er und 60er Jahren eine kulturpolitische Innovation waren, bis hin zur alternativen und zum Teil auch gesellschaftskritischen Kulturarbeit. Es kommen in die Akademie Remscheid Bildungsreferenten aus Jugendverbänden oder kulturellen Fachorganisationen, es kommen Mitarbeiter aus den Kultur- und Jugendämtern der Städte und aus den verschiedensten Bildungs-, Kultur- und Sozialeinrichtungen. Es kommen Menschen mit unterschiedlichen fachlich-künstlerischen bzw. medialen Kenntnissen, aber stets kommen Menschen mit einer breiten Berufserfahrung und in der Regel mit einem qualifizierten Hochschulabschluß.

Es ist insbesondere die Medienerziehung, die Auseinandersetzung mit den neuen technischen Massenmedien, die schon von ihrer Natur her in Konfrontation zu den ursprünglichen musischen Bildungsidealen geraten mußte: musische Bildung war gegenüber den neuen modernen technischen Massenmedien eine klassische "Bewahrenspädagogik", präsentieren diese Medien doch gerade das, was an den Entwicklungen der modernen Gesellschaft für bekämpfenswert gehalten wurde.

Der in vielen Bereichen inzwischen vollzogene Wandel in der Bezeichnung unseres Arbeitsgebietes von "musisch" zu "kulturell", etwa bei der in der Akademie Remscheid ansässigen und historisch, inhaltlich und personell vielfach mit ihr verbundenen "Bundesvereinigung *Kulturelle* Jugendbildung", signalisiert diesen Wandel im Verständnis. Die Akademie Remscheid hat diesen Wandel in ihrem Namen zwar noch nicht vollzogen, verwendet aber in ihren Texten die Bezeichnung "musisch" praktisch überhaupt nicht mehr.

Diese Überlegungen zum Wandel der musischen Bildung hin zur kulturellen Bildung will ich in folgender These[6] formulieren:

These 1:
Zeitgemäße kulturelle Bildung darf die großen gesellschaftlichen Probleme wie Umwelt, Arbeit und Frieden nicht ausklammern.

Die traditionelle musische Bildung orientierte stark auf die kleine Gruppe, auf die zahlenmäßig kleine Gemeinschaft, auf das "Idyll".

"Gruppe" ist heute immer noch ein zentraler Begriff in der Arbeit der Akademie Remscheid und - wie ich meine - in der kulturellen Jugendbildung generell. Es geht uns heute in der kulturellen Jugendbildung nicht alleine um die künstlerisch- kreative Förderung des isolierten Einzelnen, sondern stets versuchen wir bei unseren kulturellen Bildungsangeboten, den Einzelnen mit seinen sozialen und kommunikativen Beziehungen zu fördern und künstlerische Artikulationsformen in ihrer sozialen Qualität einzusetzen. Meine zweite These lautet daher:

These 2:
Kulturelle Bildung ist soziale Bildung.

Wenn kulturelle Bildung die großen gesellschaftlichen Probleme nicht ausklammern kann, wenn sich kulturelle Bil dung - verstanden als soziale Bildung - mit Konflikten auseinandersetzen muß, die in Gemeinschaften und Gesellschaften entstehen können, dann müssen wir auch akzeptieren, daß sich kulturelle Bildung mit *Interessen* auseinandersetzen muß. Die Austragung von gesellschaftlichen oder Gruppeninteressen, die Suche nach Formen für diese Austragung und für mögliche Lösungen aus interessengeleiteten Konflikten: dies sind eminent politische Fragen. Daher lautet meine nächste These

These 3:
Kulturelle Bildung ist politische Bildung.

Diese These isoliert aus ihrem Zusammenhang gerissen würde zu Mißverständnissen führen. Daher will ich sie hier mit zwei Bemerkungen erläutern

1. Ich möchte ungern insofern ausgrenzend bei der Bestimmung des Begriffs der kulturellen Bildung vorgehen, als ich eine ausgewiesene soziale und vor allem politische Qualität der Bildungsprozesse zum notwendigen Kriterium von kulturellen Bildungsprozessen machen möchte. Es gibt eine - wie man sie vielleicht nennen kann - traditionelle kulturelle Jugendarbeit, die ein großes Interesse an der Förderung der künstlerischen Fähigkeiten und Fertigkeiten der Kinder und Jugendlichen hat. Das Erlernen etwa von Musikinstrumenten, deren Beherrschung ein großes Maß an Übung und Ausdauer voraussetzt, gehört meines Erachtens ausdrücklich zu dem großen Spektrum von kultureller Bildung dazu. Die Entwicklung auch von sehr speziell entwickelter künstlerischer Ausdrucksfähigkeit selbst unter Vernachlässigung unserer politischen Zielsetzung darf aus unserem Nachdenken über kulturelle Bildungsprozesse nicht ausgeschlossen werden.[7]

2. Die Auffassung der kulturellen Bildung als soziale und politische Bildung eröffnet nicht nur ein spezifisches Verständnis von kulturellen Bildungsprozessen, sondern eröffnet auch die Möglichkeit von Konkurrenz, etwa zu Organisationen und Institutionen, die sich traditionell die Vermittlung von sozialer und politischer Bildung zur Aufgabe gemacht haben. Konnten diese Organisationen an der musischen Bildung ihre Tendenz zur Befriedung und Harmonisierung, ihre Tendenz zur antipolitischen Haltung kritisieren, so müssen sich diese Organisationen nun damit auseinandersetzen, daß kulturelle Bildung diese politische Abstinenz inzwischen abgelegt hat.[8] Da Kon-

zeptdiskussionen im weiten Feld der Jugendarbeit jedoch stets flankiert sind mit der Frage nach den Trägern dieser Bildungs konzeptionen, wird jede Konzeptdiskussion sofort eine Diskussion über die Verteilung von Mitteln. Ohne diese Verteilungsproblematik zu verkennen, müssen wir jedoch darauf achten, daß sie nicht unsere inhaltlich-konzep tionelle Auseinandersetzung überlagert oder gar ersetzt. Meines Erachtens gibt es in beiderseitigem Interesse, das heißt, im Interesse der traditionellen Träger der politischen Bildung und der Träger der kulturellen Bildung, zur Zeit nicht nur einen Bedarf, sondern sogar eine Notwendigkeit zum Austausch ihrer jeweiligen Erfahrungen und Einschätzungen. Als Vertre ter der kulturellen Bildung kann ich nur empfehlen, die in ihrem Bereich entwickelten Arbeitsformen als Chancen für die Realisierung der ureigensten Aufgaben der Träger politischer Bildung zu sehen und zu nutzen. Die Akademie Remscheid sieht eine wesentliche Aufgabe darin, hierfür die notwendige fachliche Hilfestellung zu geben.

Kultur als politische Bildung zu verstehen darf auch nicht dazu führen, in Kultur nur eine andere Variante politischen Handelns zu sehen.
Ein weiter, ethnologischer Kulturbegriff muß die Gesamtheit aller Lebensäußerungen in einer Gesellschaft und zu einer bestimmten Zeit als "Kultur" verstehen. "Kultur" ist hier eine Kategorie zur Beschreibung aller Lebensprozesse. Dieser weite Kulturbegriff ist jedoch für unser kulturpädagogisches Anliegen nur begrenzt tauglich: wir benötigen in der Kulturpädagogik einen engagierten Kulturbegriff, einen Kulturbegriff, der es mit Werten und Normen zu tun hat, ein Kulturbegriff, der parteilich ist, der Farbe bekennt und an Zielen orientiert ist. Ich plädiere hier ausdrücklich für einen Kulturbegriff, der "Kultur" als moralische Instanz für gesellschaftliches und individuelles Handeln setzt. "Kultur" in meinem Verständnis ist dann nicht bloß Beschreibung gesellschaftlicher Prozesse, sondern ist Meßlatte , an der sich gesellschaftliche Vorgänge messen lassen müssen.[9]
Nun sprechen wir in diesem Zusammenhang nicht schlechthin über "Kultur", sondern über kulturelle *Bildung* sowie über ästhe-

tische *Erziehung* . Bildung und Erziehung sind pädagogische Begriffe; es sind vermutlich *die* pädagogischen Begriffe schlechthin. Daher ist es nötig, sich bei einer Überlegung zur kulturellen Bildung mit dem spezifischen Bildungsbegriff bzw. mit dem spezifischen Verständnis von Pädagogik auseinanderzusetzen, da man davon ausgehen muß, daß Pädagogik im sozialpädagogischen und außerschulischen Bereich ein eher ungeliebter Begriff ist, der oft assoziiert wird mit der Realisierung fremdgesetzter Ziele, mit Manipulation, mit einem Eingriff in die Autonomie des Individuums.

These 4:
Kulturpädagogik hat es mit "weichen" Formen der pädagogischen Intervention und Einflußnahme zu tun. Zentrale Kategorien[10] sind Gestalten, Aneignung, Ermutigung und Unterstützung.

Einige Bemerkungen zur Erläuterung dieser Kategorien:
Allen genannten Kategorien ist eine Tendenz zur Aktivität eigen. Es sind keine Kategorien der Ruhe und bloßen Kontemplation. Es sind vielmehr Kategorien, die den Prozeß der Vergegenständlichung von Fähigkeiten und Einsichten thematisieren, sowie die Anleitung und Hilfe bei diesem Prozeß. Sie gehen davon aus, daß der Mensch ein prinzipiell Handelnder ist, daß die humane Gestaltung seiner Lebensverhältnisse ihm als Aufgabe gegeben ist und dies nur geschehen kann durch eingreifendes Handeln. Damit setzt sich dieses Verständnis von Kulturpädagogik auch in den Gegensatz zu einem bestimmten Zweig der Kultur- und Freizeitindustrie, der vielfältige Möglichkeiten zum bloßen konsumierenden Amüsement, zur passiven Haltung bietet.

Allerdings ist die Sache nun so einfach auch wieder nicht, als daß man unwidersprochen für Aktivität plädieren könnte. Denn dieselbe Kulturindustrie, um bei diesem kritischen Gegentopos zu bleiben, liefert auch ein völlig anders geartetes Angebot: ein Angebot zu blindem Aktivismus, ein Angebot für ein Amüsement, das sich in der hektischen Aufeinanderfolge immer neuer Ereignisse und "Events" erschöpft.

Zu erinnern ist auch an die seinerzeit sehr wichtige Kritik von Theodor Adorno[11], seine Kritik der Musikanten, denen er ein weitgehend unkritisches und auf niedrigem Niveau befindliches Bemühen um ein Musizieren um jeden Preis vorwarf und zugleich die Vernachlässigung von klugem und vernünftigem Rezipieren von Werken unterstellte. Unsere Aufgabe in der heutigen kulturellen Bildung ist es also, eine Synthese zu finden zwischen Muße und kultureller Aktivität.

Die Frage ist nun natürlich, wer kann ein solches anspruchsvolles Programm realisieren? Wer kann diese Gratwanderung zwischen blindem Aktivismus einerseits und bloß konsumierender Passivität andererseits erfolgreich bestehen?

Ich komme in diesem Zusammenhang auf die verschiedenen Zielgruppen und Teilnehmergruppen der Akademie Remscheid zurück. Unsere Teilnehmer haben in der Regel pädagogische, soziale oder künstlerische Berufe. All diese Berufe bilden eine gute Voraussetzung, um ein solches anspruchsvolles kulturpädagogisches Programm zu realisieren. Aber alle drei Berufsfelder haben spezifische Probleme, die sich aufgrund ihrer berufsfeldbezogenen Sozialisation ergeben:[12]

Pädagogen, insbesondere Schulpädagogen, haben das Problem, in ihrer Ausbildung sehr viel mit einem sehr engen Verständnis des Lernens zu tun gehabt zu haben, mit Lernzielen, oft sehr kleinschrittig formuliert, mit Curricula, die Methoden, Lernmittel und anzustrebende Ziele verbindlich vorschreiben. Diese Pädagogen haben die besondere Schwierigkeit mit der Forderung, die die nächste These formuliert:

These 5:
Ein wesentliches Charakteristikum kultureller Bildungsprozesse ist die Offenheit der pädagogischen Prozesse.

Diese Offenheit wird alleine dadurch gefordert, daß Kulturpädagogik im Verständnis dieses Beitrages ein Teil der außerschulischen Jugendarbeit und damit dem zentralen Prinzip dieses Arbeitsfeldes unterworfen ist, dem Prinzip der Freiwilligkeit. Nebenbei bemerkt hat dieser Zwang zur Respektierung der Freiwilligkeit in der Nutzung des außerschulischen Angebotes dazu geführt, daß in diesem Arbeitsbereich sehr viele animative und motivierende Methoden entwickelt worden sind, von denen heute der Schulbereich, der sich zur Zeit in einer erheblichen Sinn-und Legitimationskrise befindet, lernen könnte.

Allerdings ist Offenheit pädagogischer Prozesse nicht einziges Ziel: Anspruchsvolle Kulturpädagogik muß sich auch die Aufgabe stellen, bei ihren Angeboten Verbindlichkeit herzustellen. Denn es ist geradezu Kennzeichen verantwortungsvoller Pädagogik, im Gegensatz zu den unverbindlichen Angeboten der Freizeit- und Kulturindustrie auch Forderungen zu stellen, keine bloße Konsumkultur zu sein, die en passant zu sich genommen werden könnte.

Und damit komme ich auf die zweite Berufsgruppe zu sprechen, Menschen mit sozialen Berufen. Menschen mit sozialen oder sozialpädagogischen Berufen kommen sehr gut mit der geforderten Offenheit kulturpädagogischer Prozesse zu recht. Diese Menschen haben eher Probleme damit, pädagogische Prozesse auch über einen längeren Zeitraum zu organisieren, in denen eine Verbindlichkeit sowohl in der Einlassung auf die sozialen Prozesse als auch in der Einlassung auf die bearbeiteten kulturellen Inhalte hergestellt wird. Diese Überlegung halte ich fest in der

These 6:
Es besteht in der Kulturpädagogik die Notwendigkeit, Verbindlichkeit herzustellen.

Die dritte genannte Berufsgruppe sind die Künstler. Sie bringen aufgrund ihrer Ausbildung ein großes Maß an Kompetenz für kulturelle und ästhetische Prozesse mit.

These 7:
Kulturelle Bildungsprozesse benötigen ein hohes Maß an inhaltlicher Kompetenz.

Künstler haben zunächst einmal die eigene künstlerische Gestaltung von Problemen und Sachverhalten zum Ziel. Probleme ergeben sich dann, wenn sich in pädagogischen Zusammenhängen ihr künstlerischer Egoismus durchsetzt. Es ist außerdem zu bedenken, daß Kompetenzen im künstlerischen Bereich natürlich keine pädagogischen Fähigkeiten ersetzen.

Mit den Thesen 1 bis 7 habe ich einige Bestimmungen entwickelt, die zeitgemäße kulturelle Bildung in meinem Verständnis erfüllen sollte.

Die Erwähnung der Künstler in These 7 führt - nach der Erwähnung von sozialen und politischen Bildungswirkungen, nach der Forderung zur Öffnung für zentrale gesellschaftliche Probleme zu der meines Erachtens zentralen These:

These 8:
Kulturelle Bildung hat eine eigenständige Bildungsfunktion.

Diese These klingt hinreichend harmlos, so daß ich sie kurz erläutern möchte.

Die bislang formulierten Thesen können den Eindruck erwekken, als ob kulturelle Bildung ihre Wertigkeit nur durch ihre soziale oder politische Bildungswirkung erhält. Ich will daher betonen, daß eine vorschnelle Funktionalisierung gerade der Künste oder der künstlerischen Tätigkeit dazu führen kann, daß diese die angestrebte Funktion (therapeutische, pädagogische, soziale etc.) nicht mehr erfüllen.

Vielleicht ist dies gerade die zentrale Bildungsfunktion von Jugendkulturarbeit: einen Freiraum zu liefern gegen die sonst überall dominierende Zweckrationalität; die Gelegenheit zu geben zu spielerischem Umgang mit Menschen und/oder Materialien; Raum zu geben für nicht straff zielorientierte Exploration. Dies dürfte dasjenige sein, was die Organisation kultureller Bildungsprozesse schwierig macht, da auch Pädagogen ziel- und zweckorientiertes Handeln gelernt haben.[13] Es ist leicht zu fordern, aber schwer zu realisieren, ein anregungsreiches Milieu zu inszenieren mit der richtigen Mischung von Anleitung und Ermutigung, von Muße und Aktivität, von Unterstützung und Selbstorganisation.

Damit komme ich zu einem Versäumnis der bisherigen Überlegungen.

Bislang habe ich im Zusammenhang mit Kulturpädagogik vor wiegend über die Menschen gesprochen, die kulturpädagogische Prozesse initiieren und anleiten. Dies mag vielleicht verständlich sein, da ich hier als Vertreter einer Fortbildungseinrichtung zu Ihnen spreche, die es mit diesen Menschen zu tun hat, und die genau diese Fähigkeiten zur Anleitung vermittelt. Aber natürlich sind nicht diejenigen, die pädagogische Prozesse initiieren oder anleiten, die wichtigen Personen in einem kulturpädagogischen Prozeß, sondern letztlich die Kinder und Jugendlichen. Es ist also zu fragen, was kulturelle Bildung speziell für sie bedeutet.

In der Beantwortung dieser Frage müßten jetzt die zu Anfang genannten Lernziele kultureller Bildungsprozesse ausführlich erläutert werden. Man könnte dabei auf eine ganze Reihe von Formulierungen von mehr oder weniger verbindlichen, mehr oder weniger akzeptierten Lernzielen oder Lernzielkatalogen verweisen. Eine gewisse Verbindlichkeit darf dabei sicherlich die Formulierung in den Richtlinien zum Bundesjugendplan für sich beanspruchen, die kulturelle Bildung folgendermaßen beschreibt:

"Kulturelle Bildung der Jugend soll jungen Menschen die Teilhabe am kulturellen Leben der Gesellschaft erschließen. Sie soll zum differenzierten Umgang mit Kunst und Kultur befähigen und zu eigenem gestalterisch-ästhetischen Handeln insbesondere in den Bereichen Musik, Tanz, Spiel, Theater, Literatur, Bildende Kunst, Architektur, Film, Fotografie, Video, Tontechnik anregen."

Dies ist natürlich eine *Ziel*formulierung, also eine Formulierung von Wünschen. Man kann nun fragen, ob kulturelle Bildungsarbeit dieses Ziel auch zu erreichen vermag.

Ich behaupte, daß sie dieses Ziel in der Tat zu erreichen gestattet und dies insbesondere dann, wenn sie mit Ernsthaftigkeit und Können angeboten wird.

Erliege ich nun doch der Gefahr, der ich zu Beginn dieses Beitrages versprochen habe zu entgehen: der einseitigen Hervorhebung der *Möglichkeiten* kultureller Bildung ohne zu berücksichtigen, was mit kulturellen Bildungsprozessen nicht erreicht werden kann?

Grenzen kultureller Bildung

Um dieser Gefahr zu entgehen, will ich abschließend einige Punkte anführen, die die Grenzen von Kultur und kulturellen Bildungsprozessen berühren:

a) Kultur und kulturelle Bildung können keine Arbeits- oder Ausbildungsplätze ersetzen.
Sie können jedoch verlorengegangenen Mut in die eigenen produktiven Fähigkeiten und Fertigkeiten wieder herstellen. Kulturelle Bildung hat zum Ziel, in einem spezifischen Bereich den Menschen wieder zum Produzenten von Dingen oder Prozessen zu machen, ihn zu befähigen, Wünsche und Vorstellungen Einsichten und Kenntnisse zu vergegenständlichen. Sie stellt damit die Möglichkeit her, sich in seinem eigenen Produkt wiederzuspiegeln, bislang Unbewußtes zur Diskussion zu stellen und zu beweisen, daß man noch der Produktion fähig ist. Dies ersetzt keine Arbeit, dies ersetzt schon lange nicht bezahlte Arbeit, dies ist aber gerade in einer Gesellschaft nicht gering zu schätzen, die sich als massivste Kritik den Vorwurf gefallen lassen muß, daß mit der Arbeit auch die Ressource Sinn zur Neige geht.

b) Kulturelle Bildung kann keine Schäden oder Defizite beseitigen, die in anderen gesellschaftlichen Bereichen erzeugt worden sind. Ich denke hier an den Bildungsbereich, ich denke an die Schulen und ihr Versagen. Kulturelle Bildung kann die in langen Schuljahren angesammelten Bildungsdefizite nicht auf eine spielerische Weise kompensieren.
Ich denke aber auch vor allem an den Wirtschaftsbereich, in dem es immer noch versäumt wird, so zahlreiche Arbeits- und Ausbildungsplätze bereit zu stellen, daß für jeden Jugendlichen und Heranwachsenden die Perspektive, sich durch eigene Berufstätigkeit sein Leben selber sichern zu können, selbstverständlich ist. Für die heutige Erwachsenengeneration war dies in deren Jugend noch der Fall. Heute ist dies in Frage gestellt, so daß ständig neue Projekte und Maßnahmen ausgedacht werden, wie man mit Hilfe von Mitteln der Sozial- und

Jugendhilfe über kurzfristige Projekte Arbeits- und Ausbildungsplätze beschaffen kann. Ich denke, die kulturelle Bildungsarbeit ist - schon allein aus materiellen Gründen, aus Gründen der unzureichenden Ausstattung - hoffnungslos überfordert, diese Probleme bewältigen zu können.
Ich meine aber, daß sie dies auch aus grundsätzlichen Erwägungen ablehnen sollte; denn ließe sie sich hierauf ein, so würde dies bedeuten, daß sie die Lösung von Aufgaben versucht, die in anderen Bereichen gestellt worden sind. Ich meine, wir müssen auch in diesem Bereich zu der Einführung eines Verursacherprinzipes kommen, daß nämlich die Schäden von denen übernommen werden, die sie produziert haben.

c) Man sollte bei seinen euphorischen Zielformulierungen über die Bildungswirkungen kulturpädagogischer Prozesse auch im Auge behalten, daß kulturelle Bildung nicht schlechthin den besseren Menschen produziert. Banal und plaktiv ausgedrückt: Es gibt gute Menschen, die nicht singen und musizieren können, und wir finden auf der anderen Seite auch eine ganze Reihe von charakterlosen Musikern.

d) Es ist auch gut, sowohl im eigenen Bewußtsein zu halten als auch es anderen mitzuteilen, daß man über kulturelle Bildung nicht alle Aufgaben von traditionellen Organisationen in der Jugendabeit lösen kann. Es ist kaum vorstellbar, daß Jugendverbände oder Einrichtungen in der offenen Jugendarbeit ausschließlich kulturelle Angebote machen und dabei gleichzeitig ihre traditionellen und angestammten Ziele realisieren. Kulturarbeit kann ein sinnvoller Arbeitsbereich sowohl bei Jugendverbänden als auch in der offenen Jugendarbeit sein, viele Ziele können auch mit kulturellen Mitteln besser und animativer erreicht werden: stets wird es jedoch eine ganze Reihe von Aufgaben geben, für die andere Mittel und Methoden geeigneter sind.

e) Schließlich und endlich ist darauf hinzuweisen, daß Kulturarbeit nicht nur fachlich voraussetzungsvoll ist; sie ist es auch im

Hinblick auf die Verwaltung und Finanzierung. Dies sieht man bereits dann, wenn man darauf hinweist, daß der Kultur stets auch ein anarchistisches Prinzip immanent ist, das nur schwer in Einklang zu bringen ist mit den Erfordernissen einer ordnungsgemäßen Buchhaltung. Andererseits ist auch zu sehen, daß Verwaltungsvorgänge sich ausgesprochen schwer tun mit der "verwaltungsmäßigen Erfassung" kultureller Prozesse.

Ich darf hier aus einem Bewilligungsbescheid eines Gartenbauamtes zitieren, bei dem es darum ging, daß ein Baum mit einem Tuch bespannt werden sollte. Dies bildete den Abschluß eines künstlerisch-ökologischen Projektes, in dessen Rahmen auf die Zerstörung der Natur durch den Menschen hingewiesen worden ist.

Im Bewilligungsbescheid heißt es nun

1. "Die Erlaubnis ist aus Gründen des öffentlichen Wohls jederzeit widerruflich und nicht übertragbar."
   Offenbar sollte mit dieser Bestimmung den Kulturleuten mitgeteilt werden, daß ein Gefühl von zu großer Sicherheit fehl am Platze ist.

2. "Durch diese Erlaubnis werden Genehmigungen, die aufgrund anderer Rechtsformen erforderlich sind, weder ersetzt noch in Aussicht gestellt."
   Mit dieser Bewilligungsbedingung sollte offenbar mitgeteilt werden, daß sie selber zwar dringend erforderlich, aber keineswegs ausreichend ist.

3. "Diese Erlaubnis begründet keinen zukünftigen Anspruch von Ihnen oder Dritten auf Wiederholung dieser oder einer gleichartigen Veranstaltung."
   Man solle nicht meinen, daß Kultur nun einreißen könnte.

4. "Durch die Veranstaltung darf die öffentliche Ordnung nicht gestört und der Fußgängerverkehr nicht behindert werden.

Die Verkehrssicherheit auf der benutzten Fläche muß gewährleistet werden."

Offenbar wußten die Autoren dieser Bewilligungsbedingung sehr genau Bescheid über den chaotischen Charakter kultureller Prozesse.

Diese vier Bedingungen sind nur ein Ausschnitt aus einem Katalog von vierzehn Bewilligungsbedingungen.

So eigentümlich fremd diese Bedingungen im Vergleich zu dem künstlerischen Anliegen nun auch klingen mögen, so muß man doch festhalten: Kultur hat auch stets organisatorische, verwaltungsmäßige und finanzielle Aspekte. Die Akademie Remscheid und in ihr angesiedelte Institutionen sehen sich daher zunehmend gezwungen, nicht nur Hilfen und Fortbildungsangebote im Bereich der fachlich-pädagogischen Anleitung von Jugendkulturarbeit zu geben. Sie müssen sich auch zunehmend mit der Frage der Mittelverwendung und Mittelakquisition auseinandersetzen.[14] Wir haben einige Konzepte entwickelt, in denen wir neue Wege bei der Suche nach neuen Mitteln für Kulturarbeit vorschlagen. Ich gehe dabei davon aus, daß Jugendkulturarbeit nie nur rentabel sein kann und daß sie daher stets öffentliche Unterstützung benötigt. Ich meine jedoch, daß es nicht ausreicht, nur diese öffentliche Unterstützung zu fordern: wir müssen uns auch selber in die Lage versetzen, dieselbe Kreativität und Geschicklichkeit, die wir bei unseren künstlerischen und pädagogischen Prozessen entfalten, im administrativen und finanziellen Bereich entwickeln zu können. Dabei ist es vielleicht eine Hilfe, daß wir auf Erfahrungen zurückgreifen können, die im Sozialbereich zum Sozialen Management gemacht worden sind und die wir nun für den Kulturbereich erschließen können.

Anmerkungen und Literatur

1. "Kultur 90" wurde organisiert vom Sekretariat für gemeinsame Kulturarbeit, Wuppertal.

2. Akademie Remscheid: Fortbildung 1989, Remscheid 1988, Seite 4.
   Dies ist eine pragmatische Beschreibung unseres Verständnisses von kultureller Bildung, die durch Beschreibungen zu Zielen, Aufgaben und Bildungswirkungen der einzelnen Fächer mit entsprechenden Formulierungen aus unseren Jahresprogrammen noch ergänzt werden könnte.
   Dies ist natürlich keine "Definition" von kultureller Bildung im strengen Sinne. Für mein eigenes wissenschaftlich-pädagogisches Selbstverständnis habe ich den Versuch einer systematischen Entwicklung und Fundierung des Begriffs der kulturellen Bildung in meinem Buch "Kulturelle Bildung und Ästhetische Erziehung", Köln 1986, unternommen. Dort bestimme ich als "Kultur" eine "humane" Lebensweise, wobei ich mit anthropologischer Argumentation den Humanitätsbegriff an das "Verfügen über die Lebensbedingungen" binde und die Aufgabe "kultureller Bildung" bei der Realisierung dieses Zieles einordne.
   Zentrale Kategorie der ästhetischen Erziehung ist meines Erachtens die Kategorie der "Gestaltung" (von Materialien und Prozessen) und der Erwerb von Gestaltungskompetenz und -bereitschaft das wesentliche Entwicklungsziel.

3. Die Geschichte der Akademie Remscheid ist bislang kaum aufgearbeitet. Erste Ansätze finden sich in den beiden Vorträgen des Vorsitzenden ihres Trägervereins, Prof. Wolfgang Breuer, die dieser anläßlich der Verabschiedung von Prof. Bruno Tetzner sowie zum 30. Geburtstag der Akademie Remscheid gehalten hat. Siehe Akademie Remscheid: Tätigkeits- und Geschäftsbericht 1988, Remscheid 1989. Mit dem Schwerpunkt Erwachsenenbildung ist auch die Studie von St. Kolfhaus: Von der musischen zur soziokulturellen Bildung. Köln/Wien 1986, hilfreich. Siehe ferner R. Nachtwey: Pflege,

Wildwuchs, Bricolage. Ästhetisch-kulturelle Jugendarbeit. Opladen 1987.

4. O. Haase: Musisches Leben. Darmstadt/Hannover 1951 (2) und G. Götsch: Musische Bildung. Zeugnisse eines Weges. Wolfenbüttel 1953/56.

5. Diese Zugewandtheit zum gesellschaftlichen Leben zeigt bereits die Architektur der Musischen Bildungsstätte, in der sich unschwer eine Nähe zum Bauhausstil erkennen läßt, der auch die künstlerisch-pädagogischen Konzepte beeinflußte.

6. Die folgenden Thesen dürfen nicht aus dem gesamten Argumentationsgang herausgenommen werden, da ihre Formulierungen bewußt Überspitzungen enthalten, die im weiteren Fortgang differenziert und relativiert werden.

7. Dies ist ein schwieriges Problem: ob künstlerische Einzel- oder gar Spitzenförderung zur kulturellen Bildung zugerechnet werden soll oder nicht. Es mag hilfreich sein daran zu erinnern, daß die Jugendministerin unserer Republik bei der vorletzten Preisverleihung im Rahmen des Wettbewerbs "Jugend musiziert" sehr stark die soziale Dimension der künstlerisch-pädagogischen Arbeit betont hat. Ein Diskussionsvorschlag aus dem Dozententeam der Akademie Remscheid setzt als Unterscheidungsmerkmal für oder gegen eine Einbeziehung von Einzelförderung das Kriterium, ob über die künstlerische Instruktion hinaus Metakommunikation vorgesehen ist und stattfindet.

8. Natürlich ist daran zu erinnern, daß politische Abstinenz auch eine politische Haltung ist. In Abwandlung eines der berühmten kommunikationstheoretischen Axiome von Watzlawik kann man behaupten: Man kann nicht nicht politisch sein.

9. Ich verweise auf Anmerkung 2 und die knappen Hinweise darauf, daß "Kultur" meines Erachtens etwas mit humanem,

menschenwürdigem Leben zu tun hat und damit (auch) ein normativer Begriff ist.

10. Diese Kategorien stammen aus einer kultur- und geistesgeschichtlichen Tradition und einem argumentativen Kontext, die hier nicht wiedergegeben werden können. Ich verweise auf das in Anmerkung 2 angegebene Buch.

11. Th. W. Adorno: Dissonanzen. Musik in der verwalteten Welt. Göttingen 1963 (3).

12. Ich stelle diese "deformations professionelles" natürlich überspitzt dar.

13. Mit dieser Bestimmung von kultureller Bildung erfüllt sie zugleich eine zentrale Forderung an eine zeitgemäße Allgemeinbildung: "Ein zeitgemäßes Allgemeinbildungskonzept muß Lernbereiche, Lernangebote und immer auch Lernanforderungen enthalten, die nicht nur oder nicht direkt durch ihren notwendigen Beitrag zur Auseinandersetzung mit den brennenden Zeitproblemen gerechtfertigt sind, sondern Zugänge zu unterschiedlichen Möglichkeiten menschlichen Selbst- und Weltverständnisses und zu kulturellen Aktivitäten... öffnen - von der subjektiven Seite aus gesehen." W. Klafki: Konturen eines neuen Allgemeinbildungskonzepts. In: ders.:Neue Studien der Bildungstheorie und Didaktik. Weinheim 1985, S. 25. Wohlgemerkt: Das ist kein Plädoyer für eine politisch und gesellschaftlich abstinente Haltung der Kulurpädagogik, wohl aber ein Plädoyer gegen ihre vorschnelle Funktionalisierung.

14. Vgl. Chr. Liebald (Red.): Organisation, Verwaltung und Finanzierung in der Kulturarbeit. Remscheid 1987 (Schriftenreihe des IBK).

1.5
"SOZIOKULTUR" - eine theoretische Annäherung

Wieso soll man sich "Soziokultur" theoretisch annähern?

Kultur ist eine eminent praktische Angelegenheit. Zunächst einmal besteht breiter Konsens in der kulturpädagogischen Diskussion, daß die Anregung zu eigener kultureller Praxis zentrales Bildungsziel ist. Was sollte man daher mit theoretischen Erörterungen, wo es doch nur darum gehen kann, diese eigene kulturelle Praxis der Menschen zu erweitern und zu vertiefen?

Doch gerade wegen der bunten und intensiven Praxis - so meine ich - ist es nötig, sich von Zeit zu Zeit von ihr zu distanzieren, sie aus der Entfernung zu betrachten, zu analysieren und zu versuchen, sie zu begreifen.[1]

Denn erst eine begriffene Praxis ist - gerade für pädagogische Zusammenhänge - tauglich, die Verallgemeinerungen zu liefern, die nötig sind, wenn man sie weitergeben will. Nur begriffene Praxis ist zudem relevant, wenn es um politische Bildung geht, also um die Sicherung von Erfahrungen aus einer geschehenen Praxis zum Zweck der politischen Gestaltung der Zukunft.

Im folgenden will ich daher einige theoretische Überlegungen anstellen in der Hoffnung, daß sie bei dem Begreifen und Gestalten von Praxis hilfreich sind.[2]

"Soziokultur" - ein Analyse-Versuch

In der Geschichte der heutigen Diskussion um Soziokultur spielen die frühen 70er Jahre eine entscheidende Rolle. Position und Gegenposition kommen gut in den beiden folgenden Zitaten zum Ausdruck.

Hilmar Hofmann:
"Diese Kultur ist Soziokultur, d.h. sie begreift Kunst als Medium der Verständigung und der Kommunikation". Sie müßte zum Ziel haben, die Kultur der Wenigen zur Kultur der Vielen zu potenzieren.[3)]

Sowie Günther Zehm:
"Nicht die "Kultur" soll gefördert werden, sondern eben die "Kommunikation", eine proletarisierte Form menschlichen Miteinanders, bei der der kollektive Krawall die individuelle Arie ersetzt".[4)]

Zur Interpretation:
"Soziokultur" diente in dieser Zeit der Ausformulierung sozialdemokratischer kommunaler Kulturpolitik.

Der Begriff leistete zweierlei:
Er schlug für ein spezifisch ausgerichtetes Praxisfeld einen Begriff vor, der - entsprechend inhaltlich gefüllt - lange Ausführungen ersparen sollte, wodurch zumindest sprachlich dieses Praxisfeld als abgrenzbar erkennbar wurde.

Er sollte ferner Schlüsselbegriff für einen gesamten Politikbereich sein, also eine orientierende kommunikative Funktion im politischen Diskurs übernehmen.

Zugleich wurde er ziel- und wertorientiert mit Forderungen und Gestaltungsabsichten gefüllt: Es sollte zukünftige Praxis realisiert werden, die die empirische Füllung des zunächst einmal bloß antizipierenden Begriffs nachliefern sollte. Damit sind zwei Dimensionen einer Leitformel gefunden:
- die Rolle der Kommunikation
- die Orientierung für eine zukünftiger Praxis.

Im gleichen Maße, wie sich nun der Begriff im Sprachgebrauch durchsetzt (und somit seine kommunikative Funktion erfüllt) und die geforderte Praxis, die sich bewußt auf diesen Begriff bezieht, Realität wird, erweitert sich der Beziehungsreichtum der Leitformel, hier: der Leitformel "Soziokultur".

Es kommt eine tatsächlich vorhandene Realität als empirisches Korrelat des Begriffs dazu.

Damit wird - wie in den 70er Jahren auch geschehen - "Soziokultur" auch zu einem empirischen Begriff. Mit dem Entstehen einer Praxis, die ihr Selbstverständnis durch diesen Begriff beschrieben fühlt, entsteht jedoch gleichzeitig die Möglichkeit der Kritik. "Soziokultur" wird nun als (auch) empirischer Begriff kritisierbar, und er wird zugleich als (theoretischer Ziel-) Begriff selber kritische Meßlatte für Praxis.

Peter Alheit[5] zeigt von beiden Kritikmöglichkeiten die erstere: Er beschreibt die entstehende "soziokulturelle" Praxis und "entlarvt" sie: "Plötzlich kommt das Kleinräumige in Mode, die Quartieridylle, der Kulturladen, das Straßenfest... Die Soziokultur der zweiten Hälfte der 70er Jahre soll keine Horizonte mehr aufzeigen; sie muß Löcher stopfen".[6]

Die Praxis, wie sie Alheit bissig beschreibt, reicht plötzlich in verdächtige Nähe des frühen konservativen Vorwurfs an die Soziokultur: "Soziokultur" als Billigkultur für den Normalbürger; als Nebenbei- oder en-passant-Kultur ohne Qualität, ohne Herausforderung und - vor allem - ohne politische Intention. Blamiert die Praxis also die Theorie?[7]

(Dies kann jeder mutigen Theorie geschehen, die sich auf Gestaltung von Praxis einläßt.)

Eine weitere Dimension der Leitformel "Soziokultur" kann nunmehr genannt werden: Kultur und Politik sind auch Theoriebereich, sind Gegenstand wissenschaftlicher Disziplinen.

Zu der Funktion als politisch relevantes Konzept, als empirischer Begriff, als Kommunikationswerkzeug, kommt nun noch die Funktion, Teil von Theorien zu werden.

Damit ergeben sich nicht nur neue Beziehungsebenen des Wortgebrauchs, es ergeben sich auch neue Funktionen und neue Kritikmöglichkeiten. Theorien sind Ansammlungen von Aussagen und Thesen, für deren Gültigkeit und Gültigkeitsnachweis strenge Maßstäbe gelten. Theorien müssen "konsistent" sein, sie müssen Praxis "begreifbar" machen, also u.a. auch notwendige, eindeutig definierte Begriffe bereitstellen. "Soziokultur" als politik-, kultur- oder sozialwissenschaftlicher Begriff muß sich die theoretische Analyse gefallen lassen: ist er widerspruchsfrei und umfassend zu definieren, ist er problemlos in theoretische Kontexte einzubeziehen, gibt er eine abgrenzbare Praxis wieder?

Man kann resümierend feststellen: je erfolgreicher ein zunächst politisches Konzept in der Praxis wird, desto schillernder wird es aufgrund der sich erweiternden Beziehungsebenen.

Ein bestimmtes Schicksal zumindest scheint bislang dem Konzept der Soziokultur erspart geblieben zu sein: Erfolgreiche Konzepte werden oft sehr schnell von Bereichen okkupiert, für die sie nicht nur nicht gemacht waren, für die sie sogar als kritischer Gegenpol entwickelt worden sind. Ich erinnere an die heute aktuellen Verwendungsweisen des ursprünglich aus der Arbeiterbewegung stammenden Begriffs der Solidarität. Ich erinnere an die inflationäre Verwendung des Begriffs "Kreativität", der sich ursprünglich auf sehr humane Persönlichkeitsaspekte bezog und der heute in recht unhumanen Bereichen gerne verwendet wird.[8] Es gibt kein "Copyright" für Begriffe - doch scheint die Vorsilbe "Sozio-" die "Soziokultur" zur Zeit noch vor einer Verwendung in sehr weit von der ursprünglichen Zielsetzung entfernt liegenden Praxisbereichen zu schützen.

So viel an Begriffsausdehnung ist jedoch festzustellen:

Man findet diesen Begriff heute mehr und mehr als wertneutrale, bloß empirische Beschreibungskategorie, synonym etwa mit "Kulturarbeit".

Ich fasse kurz die bisherige Analyse zusammen:

Als Leitformel hat "Soziokultur" verschiedene Dimensionen, die man in zeichentheoretischer Bezeichnungsweise wie folgt beschreiben kann:

- eine sigmatische Dimension, d.h. eine gegenständliche (= empirische) Referenz, die sich sowohl (beschreibend) auf eine vorhandene Praxis beziehen, die aber auch (antizipierend) zukünftige Praxis fordern kann
- eine pragmatische Dimension: die Verwendung in der Kommunikation von Menschen, u.a. mit dem Ergebnis der Legitimation der intendierten Ziele

- eine semantische Dimension im Bedeutungskontext einer umfassenderen Theorie und deren innertheoretischer Architektonik.

Damit hat "Soziokultur" einen empirischen, theoretischen und normativen Gehalt - und dies macht die Diskussion schwierig, weil man im Gespräch oft dazu neigt, ständig die Ebenen zu wechseln.

Was hilft dies in der Praxis?

Theorie - sofern man bei diesen allgemeineren Überlegungen schon von einer solchen sprechen kann - ist nicht nur Abbild von Wirklichkeit, sondern sollte auch Werkzeug für die Gestaltung von Praxis sein.[9] Können dies die obigen Überlegungen leisten?

Möglicherweise können sie helfen, Probleme bei Diskussionen zu beseitigen oder zu vermeiden, insofern man leichter die Ebene oder Dimension erkennt, in der man gerade diskutiert.

Sie können außerdem dabei helfen, eigene "soziokulturelle" Konzeptentwicklungen oder Arbeitsbeschreibungen zu formulieren, indem man die verschiedenen Dimensionen quasi als Checkliste benutzt: Was ist mein Anliegen: theoretisch, legitimatorisch, planend? Wo ist meine Zielgruppe: politischer Kontext, praktischer Kontext, wissenschaftlicher Kontext? Was ist meine Empirie?

Neben der Gestaltung von Praxis hilft ein solcher Analyseversuch auch im Umgang mit anderen Anlyseversuchen. Zu Soziokulturdiskussion hat in jüngster Zeit etwa Norbert Sievers[10] entscheidende Beiträge geleistet.

Er schlägt eine Differenzierung vor, die folgende Dimensionen unterscheidet: "Soziokultur" als Kulturbegriff, als Kulturpolitikbegriff und als Kulturpraxisbegriff. Unschwer lassen sich diese drei Ebenen mit unserem Anlyseinstrumentarium der sigmatischen Ebene zuordnen unter der zeitlichen Perspektive: Beschreibung einer vorhandenen Praxis und Forderung einer zu gestaltenden zukünftigen Praxis. Unschwer läßt sich jedoch auch feststellen, daß andere, hier aufgedeckte Dimensionen politischer

Leitformeln mit dieser Aufgliederung nicht erfaßt werden (theoretische Ebene, Kommunikationsebene etc.).

Dieses kleine Beispiel zeigt, inwiefern das hier vorgestellte Theoriefragment Werkzeug für die Analyse theoretischer Sachverhalte, also quasi als Metatheorie genutzt werden kann.

Aber was weiß man nun mehr über "Soziokultur"?

Ich denke, man weiß über "Soziokultur" selber nicht mehr, sondern man weiß höchstens mehr über die Art und Weise, wie politische Leitformeln, zu denen "Soziokultur" zweifellos gehört, logisch strukturiert sind und wie mit ihnen gearbeitet wird. Dies zu können, sollte zu den Qualifikationen von "Kulturmanagern" gehören, da ein wesentlicher Teil ihrer Tätigkeit in der Realisierung, Organisation und Planung kommunikativer Prozesse besteht.

Anmerkungen und Literatur

1) "Aus der Sicht des Balles kann ich nicht die Bewegungen des Balles erkennen", lautet ein passendes Sprichwort.

2) Dabei versuche ich, ein für pädagogische Zusammenhänge entwickeltes Anlyseinstrumentarium auf das hier in Frage stehende Problem anzuwenden. Vgl. etwa: M. Fuchs: Überlegungen zur Genese und Struktur pädagogischer Leitformeln. In: Zeitschrift für erziehungswissenschaftliche Forschung 18 (1984), S. 195-204.

3) Hofmann, H. (Hrsg.): Perspektiven der kommunalen Kulturpolitik, Frankfurt/M 1974, S. 11. Hier zitiert nach P. Alheit: Wieviele Kulturen braucht der Mensch? In: Mitte, Werkstatt und Kultur (Hrsg.): Jugendarbeit und Kulturarbeit. Stuttgart 1988.

4) Zitiert nach P. Alheit, ebd.

5) In oben genanntem Beitrag. Siehe ferner seinen Aufsatz: Soziokultur zwischen Institutionalisierung und Innovation - so-

ziokulturelle Arbeit und gesellschaftliche Veränderungen. In: Soziokultur - Innovation für Kultur, Bildung und Gesellschaft. Dokumentation des Symposium Bonn 1988.

6) In seinem erstgenannten Aufsatz, S. 65.

7) Eben dies führt dazu, daß Leitformeln einen "biologischen" Lebensweg haben können mit Aufstieg, Blüte und Niedergang: Eben wenn die wachsende Empirie zeigt, daß die ursprünglichen hehren Ziele, die mit den Proklamationen verbunden waren, nicht eingehalten werden können.

8) Zu dem "Konzept Kreativität" siehe das gleichnamige Buch der Akademie Remscheid für musische Bildung und Medienerziehung (im Erscheinen).

9) Für umfassendere Erläuterungen des hier zugrundeliegenden Theoriebegriffs siehe mein Buch: Mathematik in der Schule. Köln 1984.

10) Vgl. etwa von U. Lanstroer/U. Pollmann/N. Sievers: Bestandsaufnahme: Soziokultur. Eine Politikfeldanalyse im Bereich bürgernaher Kulturarbeit. Hagen o.J. (1988).

2. KULTURPÄDAGOGISCHE ARBEITSFELDER

2.1
KULTURARBEIT UND OFFENE JUGENDARBEIT

Vorbemerkung

Im folgenden will ich einige Überlegungen zu den Möglichkeiten von Kulturarbeit in der offenen Jugendarbeit vortragen und zugleich einige Probleme vorstellen, die sich bei der Realisierung kulturpädagogischer Angebote in Einrichtungen der offenen Jugendarbeit ergeben. Ich werde dies vor dem Hintergrund meiner eigenen Praxiserfahrungen tun, muß allerdings darauf hinweisen, daß dies nicht die Erfahrungen von jemandem sind, der täglich aktiv in der offenen Jugendarbeit mitarbeitet. Es sind daher keine methodisch-praktischen Hinweise zur Gestaltung kulturpädagogischer Angebote in der offenen Jugendarbeit zu erwarten, sondern grundsätzlichere Ausführungen zur Kulturpädagogik und zur Jugendarbeit vor dem Hintergrund aktueller jugendpolitischer Auseinandersetzungen.

Bestandsaufnahme: Jugend

Diesen Abschnitt kann ich relativ kurz halten, da sich im Rahmen dieser Veranstaltung bereits Lothar Böhnisch mit dieser Frage beschäftigt hat. Außerdem habe ich einige, meines Erachtens zutreffende Formulierungen im Ausschreibungstext zu Ihrer Fachtagung gefunden, so daß ich bloß einige Stichworte anführen möchte:

Jugendliche haben heute im Durchschnitt ein höheres Bildungsniveau als früher. Dies hängt sicherlich zum einen mit einer Verbesserung des Bildungssystems zusammen und ist zunächst einmal positiv zu bewerten. Mit diesem höheren Bildungsniveau

ist jedoch eine weitere, eher problematische Entwicklung verbunden:
- Die Jugendphase hat sich gegenüber früheren Zeiten deutlich verlängert. Scheinbar im Widerspruch dazu steht jedoch die folgende Feststellung:
- Es gibt heute weniger jugendspezifische Probleme und Risiken. Es ist vielmehr zu einem Angleichen zwischen eher erwachsenenorientierten und eher jugendspezifischen Problemen gekommen, zu nennen wären hier etwa die Probleme der Ausbildungs- und Arbeitsplätze.
- Da die Jugendzeit trotz ihrer autonomen und selbständigen Ziele, die zu verwirklichen sind, auch den Aspekt hat, Wartestand zu sein für ein selbst bestimmtes und selbst gesteuertes Erwachsenenleben, ist die zeitliche Verlängerung der Jugendphase auch deshalb problematisch, weil sie deutlich geprägt wird von dem starken Gefühl einer Unsicherheit über die zukünftigen Lebensperspektiven.
- Jugendliche haben heute sehr viel mehr Möglichkeiten zum Konsum als früher. Jugend spielt eine besondere Rolle in den Werbestrategien der Wirtschaft, Jugend als Konsumentenpotential hat einen großen Stellenwert als Markt. Diesen vergrößerten Möglichkeiten zum Konsum steht jedoch entgegen, daß es sehr viel weniger Möglichkeiten zur Realisierung dieses Konsums gibt, da die zeitlich verlängerte Jugendphase, da eine längere Verweildauer im Bildungswesen eben auch einhergeht mit dem Nichtvorhandensein eines eigenen Einkommens.

Aus diesen wenigen und natürlich auch unvollständigen Bemerkungen und Charakterisierungsversuchen wird deutlich, daß die Jugendphase wesentlich von *Widersprüchen* geprägt ist. "Widerspruch" ist daher meines Erachtens eine zentrale Kategorie bei dem Versuch, Jugend und Jugendliche begreifen zu wollen. Entwicklung des Menschen - insbesondere in der Jugendphase - läßt sich meines Erachtens begreifen als Verarbeitung von Widersprüchen.[1]

Einige weitere Widersprüche will ich hier benennen:
Höheres Bildungsniveau und zeitlich verlängerte Jugendphase bedeutet zugleich eine längere Verweildauer in Bildungseinrichtungen. Jedoch sind es gerade unsere Bildungseinrichtungen, die

entscheidend von dem gesamtgesellschaftlich festzustellenden Verlust der Ressource Sinn betroffen sind. Die Folge ist, daß gerade unsere Bildungseinrichtungen zur Zeit in eine schwerwiegende Legitimationskrise geraten sind, da ihre lange Jahre unangefochten behauptete Legitimation, nämlich die Grundlage für ein später durch eigene Berufstätigkeit selbständig gestaltetes Leben zu sein, nicht mehr aufrecht erhalten werden kann. Da diese äußere Motivation zum Besuch dieser Einrichtungen hinfällig geworden ist, gerät nunmehr verstärkt in den Blick, was sich in den Bildungseinrichtungen tut. Und dort finden sich immer noch Lehr- und Lernformen, die ganzheitliches Erleben und Erkennen in Fächer unterteilen und im 45-Minuten-Takt portionsweise an die Schüler weitergeben wollen: Ein zentraler Widerspruch der Schule ist heute der Widerspruch zwischen dem Leben, das stets die ganze Person und alle Sinne mit einbezieht, und dem schulischen Lernen, das immer noch überwiegend den Intellekt anspricht und auch diesen bloß mit Wissenselementen versorgt.

Damit verbunden ist ein weiterer Widerspruch: Leben in der Schule orientiert sich an Werten, die nicht die Werte in der Freizeit sind. In dem Maße jedoch, wie die schulische Vermittlung von Sinn mißlingt, wird dieser Widerspruch zwischen den beiden verschiedenen Wertorientierungen unlösbar.

Ich will an dieser Stelle nun nicht weiter auf Probleme und Widersprüche eingehen, die mit der Institution Schule verbunden sind. Diese Argumentationsstrategie ist gerade im außerschulischen Bereich nicht neu. Fast muß man schon beklagen, daß Schule und schulisches Bildungssystem sozusagen das Feindbild abgeben müssen, das als Ersatz für eine eigene berufliche Identität im außerschulischen Bereich dienen muß. Ich glaube, wir haben auch im außerschulischen Bereich eine ganze Reihe von Widersprüchen, mit denen wir uns auseinandersetzen müssen.

Ein zentraler Widerspruch ist beispielsweise mit unserem Selbstverständnis als Pädagogen verbunden. Pädagogik hat es mit der Verfolgung von Zielen zu tun, und doch haben wir das Ideal, nicht manipulativ sein zu wollen, die Autonomie der Jugendlichen, die zu uns kommen, zu respektieren und Freiräume für die Realisierung ihrer eigenen Ziele geben zu wollen.

Wir haben das Bild von einem Ideal-Jugendlichen, der aktiv und bereitwillig sich selber verwirklicht, ohne soziale und politische Gesamtzusammenhänge zu vernachlässigen, werden aber in der Praxis doch wieder mit vielen Jugendlichen konfrontiert, die lieber passiv konsumieren.

Ein aktuelles Arbeitsfeld, das uns als Pädagogen vor eine starke Belastungsprobe stellt, ist die Frage der Computer in der Jugendarbeit. Wir hätten gerne die Jugendlichen, die sich kreativ und schöpferisch mit dem Computer auseinandersetzten, die natürlich nicht vergessen, welche fatale Auswirkungen Computer auf die Arbeitswelt haben, die programmieren und unter Umständen subversiv dieses neue technische Instrument gegen verbreitete wirtschaftliche Intentionen nutzen können. Wir finden aber Jugendliche, die zu einem überwiegenden Anteil den Computer eben nicht als Mittel der kreativen Gestaltung nutzen wollen, sondern die lieber an diesen Geräten spielen. Unser Gewissen ist dann plötzlich sehr stark gefordert, wenn wir sehen, daß es möglich ist, für die Ausstattung eines Jugendzentrums mit Computern erhebliche Summen zu bekommen, daß wir uns aber andererseits eingestehen müssen, daß wir über die richtigen Arbeitskonzepte, nämlich die, die genau unseren Ideal-Jugendlichen realisieren helfen sollen, nicht verfügen. *Ich meine daher, daß ein wichtiges Problem in der Jugend- und Sozialarbeit gerade darin besteht, wie wir mit unseren eigenen Zielen und Hoffnungen umgehen,* wie wir den Widerspruch zwischen unseren ursprünglichen idealen Vorstellungen und Auswirkungen der desillusionierenden praktischen Arbeit verarbeiten.

Vielleicht ist es an dieser Stelle erlaubt, auf einen Kurs der Akademie Remscheid hinzuweisen, in dem genau diese Probleme unserer professionellen Subjektivität und Identität aufgegriffen werden und den unser Dozent für Sozialpsychologie und Beratung, Kurt Richter, im nächsten Jahr durchführt.[3]

Bestandsaufnahme: Kultur

Das zweite Schlüsselwort in der Diskussion über Jugendkulturarbeit ist der Begriff der Kultur. Es ist inzwischen geradezu ein Ärgernis, in welchem Umfang "Kultur" derzeit Konjunktur hat. Es gibt kaum einen Bereich mehr, der nicht nach kulturellen Anteilen oder kulturellen Dimensionen ausgelotet wird: Kultur wird als Wirtschaftsfaktor entdeckt, Kultur wird den Kommunen als Standortfaktor angedient, Kultur scheint für viele Universitäten inzwischen idealer Markt zu sein, für den sie ihre Studenten, die nun nicht mehr als Lehrer unterkommen, qualifizieren.

Kultur muß offenbar für vieles herhalten, und die Medien vermitteln den Eindruck, als ob die Bundesrepublik Deutschland tatsächlich derzeit eine ungeheure Blüte der Kultur erlebt.

Damit - und das will ich hier ganz offen sagen - ist man aber schon dem auf den Leim gegangen, was man in der Medienpädagogik die "Konstituierung einer zweiten Wirklichkeit" nennt. Es gibt nämlich die Wirklichkeit der Medien, und es gibt die real existierende Wirklichkeit.

Werfen wir einen Blick in die real existierende Wirklichkeit, so können wir feststellen, daß dort Kultur keineswegs Konjunktur hat. Wir müssen also feststellen, Kultur hat derzeit eine stark *verbale* Konjunktur. Es wird sehr viel über Kultur geredet und geschrieben. Es findet jedoch insbesondere dann, wenn man Kriterien einer zahlenmäßigen Erfassung zugrunde legt, keine Entwicklung statt, die auch nur annäherungsweise mit dem verbalen Kraftakt in Verbindung zu bringen ist.

Trotzdem hat das viele Reden über Kultur den Kulturbereich selber aufgeschreckt, so daß auch hier einen Widerspruch feststellen darf: Lange Jahre wollte man im Kulturbereich öffentliche Aufmerksamkeit und Wertschätzung. Diese gibt es nun, zumindest in den Medien. Und genau in diesem Moment, in dem Kultur zumindest von vielen, die schreiben oder Fernsehberichte machen, entdeckt wird, macht sich so etwas wie ein Zauberlehrling-Syndrom bemerkbar: Man bekommt Angst vor den Geistern, die man rief und von denen man nicht weiß, ob man sie beherrschen kann. Ein Höhepunkt dieser Angst ist der große Kulturkongreß, der an der Universität Oldenburg stattfindet und in dem kritisch gefragt werden soll, wer denn die "neuen Freunde" der Kultur sind, was für Interessen diese haben und inwieweit wir die *für uns* wichtigen Kulturgüter vor diesen neuen Freunden in Schutz nehmen müssen.

Man sieht, daß auch die medial vermittelte zweite Wirklichkeit durchaus handfeste und realistische Wirklichkeit produzieren kann, auch wenn es zunächst nur die Wirklichkeit eines Kongresses ist.

Ein Blick in die reale Wirklichkeit belehrt uns übrigens darüber, daß Kultur, insbesondere Kultur im sozio-kulturellen Feld, Kultur also, die mit dezidiert pädagogischen und gesellschaftspolitischen Ansprüchen auftritt, sehr stark eine ABM-Kultur ist, daß Kultur nach wie vor kaum langfristige Berufsperspektiven bietet und daß die Arbeitsplatzchancen nach wie vor ausgesprochen gering sind.

Für die kulturelle Bildung, insbesondere für die kulturelle Jugendbildung, ist diese verbale Konjunktur sogar äußerst gefährlich, denn es könnte durchaus passieren, daß politisch Verantwortliche ebenfalls dieser zweiten Wirklichkeit auf den Leim gehen, sie für tatsächliche Wirklichkeit halten und plötzlich den Eindruck bekommen, daß nunmehr genügend für die kulturelle Bildung getan worden ist, da soviel darüber zu lesen und zu hören sei.

Einiges an realer Entwicklung ist jedoch tatsächlich festzustellen. Allerdings ist zu fragen, wie diese Entwicklung zu bewerten ist.

Wir erleben heute eine Flut von "Festivals" und großen Kultur-"Events". Wir sehen zahlreiche Fernsehsendungen über einen cleveren Musiker, der ein kulturell unterentwickeltes nördliches Bundesland mit einem viel beachteten Festival mit großen international bekannten Namen organisiert. Wir erleben schicke Konzerte in ungewohnten Umgebungen. Wir registrieren Karawanen verwöhnter Großstadtmenschen, die nun ihre Sonaten und Klavierkonzerte in Scheunen und alten Mühlen anhören wollen. Wir stellen fest, daß plötzlich eine ansonsten nicht mit Reichtümern gesegnete Kommune einige Millionen Mark für die Errichtung eines Gebäudes ausgibt, daß zunächst nur einmal den Zweck hat, die geeigneten Bedingungen für die Aufführung eines neuen Musicals (Starlight-Express) zu schaffen. Es gehen enorme Summen durch die Presse, die für den Ankauf von Objekten ausgegeben werden, von denen vermutlich 99 % der Bevölkerung noch nicht einmal weiß, um was es eigentlich geht (ich denke hier an das berühmte Evangeliar Heinrichs des Löwen).

Ich hebe diese Beispiele polemisch deshalb hervor, weil sie uns verdeutlichen, daß wir uns selber darüber klar werden müssen, was wir unter "Kultur" verstehen, wenn wir darüber sprechen. Welche Kultur meinen wir, wenn wir von Jugendkulturarbeit sprechen, die wir unterstützen oder gegen die wir uns wenden?

Eine Lösung bietet sich bei diesem definitorischen Problem sehr schnell an: Wir einigen uns darüber, daß wir natürlich nicht die hier angeführten und willkürlich ausgewählten Beispiele im Auge haben, wenn wir von Jugendkulturarbeit sprechen, sondern daß wir "Sozio-Kultur" meinen. Damit, so glauben wir, haben wir das definitorische Problem elegant gelöst, und jedem ist nun hinreichend klar, was wir wollen.

Doch so einfach ist es mit dem Begriff der Sozio-Kultur nicht. Natürlich stellen wir uns alle so etwas vor wie "Kultur für alle", oder wir verbinden mit unserem Kulturbegriff ein besonderes demokratisches oder gesellschaftliches Engagement. Wir stellen uns vor, daß auch die kulturellen Ausdrucksformen der Mittel- und Unterschichten als Kulturleistung respektiert werden. Wir stellen uns vielleicht auch noch vor, daß wir bei unseren Überlegungen die zahlreichen gesellschaftlichen "Randgruppen" berücksichtigen müssen.

Um ein zu schnelles Einverständnis ein wenig zu stören, will ich auf Überlegungen von drei Autoren hinweisen, bei denen man annehmen kann, daß ihnen das soziale und "soziokulturelle" Engagement nicht fremd ist.

Als erstes will ich an Dieter Kramer erinnern, der in den letzten Jahren immer häufiger darauf hingewiesen hat, daß mit dieser Häufung von Straßen- und Kulturfesten und der regen Betriebsamkeit in den Stadtteilen eine Entwicklung einhergeht, die man nicht ohne Einschränkungen gutheißen kann: der Eindruck nämlich, daß es hier um eine Kultur zum Billigtarif geht, quasi um eine Kultur auf Krankenschein, um Kultur als Sozialhilfe, bei der vieles durch sehr viel Eigenarbeit der "unmittelbar Betroffenen" geschieht, bei der durch ein großes Maß an Selbstorganisation vieles aber auch an Energien absorbiert wird, die sehr viel dringender für die Durchsetzung einer vernünftigen Stadtsanierung, für eine verbesserte Kanalisation oder für verbesserte soziale Absicherungen verwendet werden müßten.

Der zweite Kritiker an diesem Konzept der Soziokultur ist Peter Alheit. Er hat in den letzten Jahren häufiger darauf hingewiesen, daß dieses ursprünglich sozialdemokratische kulturpolitische Konzept der "Soziokultur" ständig in der Gefahr war, sich von seinen hehren emanzipatorischen und demokratischen Zielen zu lösen und bewußt als nette Beschäftigungstherapie ohne Anspruch und Herausforderung eingesetzt worden ist.[4]

Es werden inzwischen sogar wieder Stimmen laut, die nicht nur vor einer vorschnellen Verdammung der "Hochkultur" warnen, sondern die auf die besonderen Bildungswirkungen einer ernsthaften Auseinandersetzung mit den Künsten hinweisen. Ich darf einmal eine kleine Passage zitieren:

"Die traditionelle Kultur - Künste und Wissenschaften - sind nicht irgendein Feld der Lebensweise, gleich bedeutsam oder verzichtbar wie Batiken, Skat spielen oder kegeln. Es handelt sich vielmehr unter zwei Gesichtspunkten um einen "kulturellen Kernbereich" (Thomas Metscher). In Künsten und Wissenschaften wird auf intensive Weise das analytische, emotionelle und sinnliche Instrumentarium der Gattung Mensch entwickelt, mit dem wir die geistigen Beziehungen zur Umwelt und zu uns selbst ausgestalten. Auseinandersetzung mit Künsten und Wissenschaften durch eigenes Schaffen oder kritische Aufnahme ist Produktion persönlicher Fähigkeiten zur geistigen Bewältigung des Lebens. Sie dient der vielseitigen Erfahrung von Ich und Umwelt und vermittelt Genuß im Maße der Erschließung des Reichtums der Werke (und über sie der Wirklichkeit!). Künste und Wissenschaften sind Mittel der Erkenntnis und Selbsterkenntnis; sie tragen bei zum Verständnis unserer Lage und zum Entwurf von Alternativen zur Bestimmung menschlicher Ansprüche und Fähigkeiten". Und weiter:

"Ausschluß von Wissenschaften und Künsten ist ... der Ausschluß von emotionalen, gefühls- und wissensmäßigen Widerstandspotentialen."[5]

Ich hoffe, mit diesen Hinweisen ist es mir gelungen, eine vorschnelle Lösung des Problems, welche Kultur wir denn meinen, wenn wir von "Jugendkulturarbeit" sprechen, zu verhindern.

Ich meine, daß der Slogan von Hilmar Hoffmann, "Kultur für alle", heute nicht die Wendung bekommen darf, daß Kultur nur noch diejenigen Angebote machen darf, die alle auch ohne weitere Mühe und Anstrengungen sofort und unmittelbar verstehen, daß wir also das Anspruchsniveau soweit senken, daß eine wichtige Qualität, die Kultur in meinem Verständnis auch haben muß, nämlich intellektuelle, soziale und emotionale Herausforderung zu sein, verloren geht. Und ein weiteres sollte verhindert werden: daß aus "Kultur für alle" nun "Kultur für alles" wird. Gerade im Interesse der Kultur sollten wir nicht versuchen, alle Problemstellungen in unserer Gesellschaft, alle Arbeitsbereiche nun nur noch "kulturell" lösen zu wollen.

Jugendkulturarbeit

Nachdem ich einige Überlegungen über "Jugend" und über "Kultur" vorgetragen habe, erwarten Sie nun vielleicht, daß ich beides zusammentrage und ein Konzept für eine zeitgemäße Jugendkulturarbeit, insbesondere für eine Kulturarbeit in der offenen Jugendarbeit formuliere. Dies werde ich jedoch - wie in meiner Vorbemerkung angekündigt - nicht tun. Ich werde vielmehr einige Rahmenbedingungen benennen, die heute die konzeptionelle Diskussion über Formen der Jugend- und Kulturarbeit wesentlich beinflussen.

1. Jede Konzeptdiskussion über neue oder alte Arbeitsformen in der Jugendarbeit wird heute dadurch erschwert, daß hinter jeder inhaltlichen Frage sofort Verteilungsprobleme stehen. So wird im Moment etwa von den Fachverbänden die Novelle des Jugendwohlfahrtsgesetzes beraten, die, wenn sie vom Bundestag verabschiedet wird, über die nächsten Jahre ganz entscheidend in die Praxis der Jugendarbeit eingreifen wird. Immerhin hat das alte Gesetz, das zur Zeit noch gültig ist, ein Alter von inzwischen 66 Jahren erreicht.

In dieser Novelle werden erstmals Arbeitsbereiche in der Jugendarbeit additiv benannt. Nach dem traditionellen Bereich der politischen Bildung wird an zweiter Stelle bereits kulturelle Bildung angeführt.

In der Förderpraxis bedeutet das natürlich sofort, daß in Zukunft Träger von kultureller Bildung ebenso Anspruch auf Förderung haben wie Träger politischer Bildung. Da aus vielen guten Gründen nach dem letzten Krieg die politische Bildung ein zentrales Prinzip der außerschulischen Jugendarbeit war, müssen dies die traditionellen Träger von politischer Bildung natürlich mit großer Aufmerksamkeit registrieren. Das Problem ist, daß diese Sorge um die Erhaltung des Bestands der eigenen Angebote eine ausgesprochen ungünstige Voraussetzung für die Diskussion inhaltlicher Konzepte ist.

2. Für eine Unsicherheit im Umgang mit Jugendkulturarbeit sorgen wir aus dem Bereich der kulturellen Bildung natürlich auch selber. Es ist noch gar nicht so lange her, da hieß das, was wir heute als "kulturelle Bildung" bezeichnen, "musische Bildung". Die Einrichtung, von der ich komme, hat diesen Begriff auch immer noch in ihrem Namen. Nicht zu Unrecht kann man aber der früheren musischen Bildung vorwerfen, daß sie anti-intellektuell, gegen eine Industriegesellschaft, für das kleinräumige Idyll und insbesondere auch gegen die Berücksichtigung politischer Sachverhalte war. Die 68er-Bewegung hat nicht nur eine deutliche Ideologie-Kritik der musischen Bildungsvorstellungen, sondern auch eine Politisierung unserer kulturpädagogischen Angebote mit sich gebracht, so stark übrigens, daß von "Kultur" bisweilen nichts mehr zu spüren war.

Dieses Extrem ist zwar inzwischen überwunden, doch hat eine Rückkehr zu dem früheren Bildungsideal nicht stattgefunden, so daß heute kulturelle Bildungsangebote oft so deutlich politische Bildungswirkungen anstreben, daß dies wiederum zu recht als Eindringen in ein fremdes Terrain betrachtet werden kann.

An dieser Stelle ist es vielleicht ganz nützlich, darüber zu informieren, was der Bundesjugendplan - auf Bundesebene das

zentrale Förderinstrument für Jugendarbeit - als Zielstellung für die kulturelle Bildung angibt:
"Kulturelle Bildung der Jugend soll jungen Menschen die Teilhabe am kulturellen Leben der Gesellschaft erschließen. Sie soll zum differenzierten Umgang mit Kunst und Kultur befähigen und zu eigenem gestalterisch-ästhetischen Handeln, insbesondere in den Bereichen Musik, Tanz, Spiel, Theater, Literatur, Bildende Kunst, Architektur, Film, Fotografie, Video und Tontechnik anregen."
Mit diesen Formulierungen ist eine Auswahl getroffen aus dem breiten Feld dessen, was kulturelle Bildung alles bedeuten kann: Es ist eine Schwerpunktsetzung erfolgt auf *künstlerisch-kulturelle Bildung*. Damit werden etwa vernünftige Formen des sozialen Umganges nicht als nicht-kulturell aus dem Verständnis von kultureller Bildung ausgegrenzt, es wird jedoch darauf hingewiesen, daß zumindest in einem Kernbereich von kultureller Bildung die Künste und die Massenmedien nicht außen vor bleiben dürfen. Genau dies ist der Arbeitsbereich der Akademie Remscheid, die ja nicht nur ein Institut für musische Bildung, sondern zugleich auch ein Institut für Medienerziehung ist.

3. Jugendkulturarbeit kann auch administrativ verstanden werden. Das heißt, daß man bei "Jugend" sofort an "Jugendamt" und bei "Kultur" an "Kulturamt" denkt. Und genau dies bestimmt auch wesentlich die Praxis kommunaler jugendkultureller Angebote, nämlich zwischen Kulturamt und Jugendamt angesiedelt zu sein. Diese Position, zwischen zwei Ämtern angesiedelt zu sein, ist nun in der Praxis überhaupt nicht komfortabel, ebenso wie es in der Praxis nicht komfortabel ist, zwischen zwei Stühlen zu sitzen. Denn die Praxis bringt es hier mit sich, daß für jugendkulturelle Angebote aus der Sicht des einen Amtes stets das jeweils andere Amt zuständig ist und dies auch immer mit einem Mindestmaß an Berechtigung behauptet werden kann.

Diese Aufsplitterung in verschiedene Zuständigkeiten setzt sich übrigens fort von den Kommunen über die Länder bis hin zum Bund, wo es jeweils zwei unterschiedliche Ministerien gibt, die für ihr Anliegen mit unterschiedlicher Schwerpunktsetzung zuständig sind. Aus eigener Erfahrung kann ich nur die Forderung nach einer ressortübergreifenden Arbeit unterstützen, denn jedes der beteiligten Ressorts bringt auch bestimmte Probleme mit sich, die unserem jungendkulturellen Anliegen entgegenstehen: im Jugendamt oder in den Jugendressorts finden sich sehr oft Menschen mit einer spezifischen sozialpädagogischen Vorbildung. Das bedeutet in der Praxis oft, daß ein sehr starker fürsorgerischer und pädagogischer Aspekt dominiert. Es fehlt hier gelegentlich die Bereitschaft zu der Offenheit, die Kultur und die kulturelle Angebote verlangen, wenn sie attraktiv sein sollen. Im Kulturbereich findet sich dagegen oft eine geringe Sensibilität für die besonderen Bedürfnisse der Jugendlichen. Oft findet sich in der Kulturadministration auch noch die Bewahrung eines Kulturverständnisses des Wahren, Guten und Schönen, verbunden mit einer starken Orientierung auf Künstler und künstlerische Aktivitäten, was nicht immer leicht in Einklang zu bringen ist mit unserem sozialen und pädagogischen Anliegen.

Da ich hier vor einem Publikum spreche, das sich zum größten Teil aus dem sozialen Bereich rekrutiert, will ich einige Bemerkungen zu dieser Kritik an Persönlichkeitsstrukturen im Jugendbereich anfügen. Ich kann mich dabei auf den Ausschreibungstext dieser Veranstaltung stützen, wo recht selbstkritisch folgendes angemerkt wird: "Lediglich als Konsumenten noch interessant, werden diese Teile der von Marginalisierung bedrohten Jugend politisch nur noch als sozialarbeiterisch zu betreuendes Klientel wahrgenommen."

Ich habe einen ähnlichen Gedanken in noch schärferer Formulierung bei dem Fortbildungsreferenten des Stuttgarter Jugendhauses, Alex Pfeiffer[6], in einem Beitrag bei einer Fachtagung des Landschaftsverbandes Westfalen-Lippe gefunden, in dem er sehr vehement darauf hinweist, daß es gerade diese spezifische professionelle Identität von Jugendarbeitern ist, die den Mißerfolg in Einrichtungen der offenen Jugendarbeit geradezu vorprogrammiert. Es handelt sich hierbei um einen restringierten Begriff von Jugend, der Jugend nur noch als defizitär und als Objekte einer notwendigen Betreuung und Beziehungsarbeit in den Blick bekommen kann. Damit verbunden ist ein professionelles Selbstbild des Betreuers, der in der Lage ist, oder sein müßte, diese Defizite zu beseitigen und die anstehenden Probleme lösen zu helfen. Damit tritt in die soziale Beziehung zwischen Jugendarbeiter und Jugendlichen gegen ursprüngliche emanzipatorische Ziele eines Respekts vor der Autonomie des Jugendlichen, die man sich in seinem Studium zu eigen gemacht hat, eine Hierarchiesierung der Beziehungsverhältnisse. Diese Hierarchiesierung von Beziehungsverhältnissen, also dieses auf einem pädagogischen oder fürsorgerischen Sockel stehen, ist aber nun gerade das größte Hindernis, wenn man ein neues, etwa ein kulturpädagogisches Konzept in der offenen Einrichtung realisieren will. Ich komme darauf später zurück.

4. Ein weiteres Problem bei der Realisierung neuer Konzepte in der offenen Jugendarbeit besteht darin, daß Einrichtungen der offenen Jugendarbeit eben auch "Einrichtungen", also Institutionen mit eigenen Ordnungen und eingebunden in übergreifende Ordnungen sind. Und wie für andere Einrichtungen auch gilt für Einrichtungen der offenen Jugendarbeit die organisationstheoretische Erkenntnis, daß erstes, sich quasi hinter dem Rücken der Beteiligten durchsetzendes Ziel immer das der Bestandserhaltung ist, und zwar die Erhaltung des Bestandes, so wie er immer schon war. Aber bei der Realisierung eines veränderten Konzeptes gibt es nun in der Tat gravierende Probleme:

Das Qualifikationsproblem:
Wer soll das neue Konzept realisieren?

Das Finanzierungsproblem:
Wie soll das neue Konzept bezahlt werden?

Das Konzeptproblem:
Was soll überhaupt gemacht werden?

Zum Qualifizierungsproblem:
Die Klage von Mitarbeitern in der offenen Jugendarbeit ist ernst zu nehmen: wir erleben zur Zeit eine unglaubliche Entwertung einmal erworbener Qualifikationen. Mitarbeiter in der offenen Jugendarbeit stellen fest, daß mit dieser neuen Modewelle "Kulturarbeit" offenbar viele ihrer erworbenen Qualifikationen wertlos geworden sind. Dabei erleben sie doch in ihrer tagtäglichen Praxis, daß Beziehungsarbeit, daß Beratungsqualifikation, daß die Fähigkeit zur Hilfe bei Problemlösungen nach wie vor notwendig ist, vielleicht notwendiger denn je. Es ist also keineswegs bloß das Klammern an einen traditionellen Bestand, der ja auch so etwas wie Sicherheit gibt, sondern es sind gravierende Probleme des Selbstverständnisses von Jugendarbeit und der persönlichen Identität.

Zum Finanzierungsproblem:
Ein recht banaler, nichts desto trotz zutreffender Grundsatz ist immer der, daß die billigste Lösung die Beibehaltung traditioneller Aufgaben ist, da man hierfür den Haushalt bloß fortschreiben muß. Jede Änderung des Haushaltes bedeutet einen unglaublichen Aufwand an Begründung und Legitimation. Es besteht die Gefahr, "schlafende Hunde zu wecken", und: in der Regel sind neue Konzepte zunächst einmal teurer. Man braucht eine neue materielle, räumliche und unter Umständen auch personelle Infrastruktur und dies bei recht unsicheren Erwartungen darüber, inwieweit das neue Arbeitskonzept Erfolg verspricht, was konkret heißt, daß es den erwarteten und leicht an Besucherzahlen ablesbaren Zuspruch bei den Jugendlichen findet.

Zur Frage des Konzeptes:
Man stellt in der Praxis sehr schnell fest, daß es nicht ausreicht, ad hoc einige neuere punktuelle Kulturangebote in die Arbeit der Einrichtung zu integrieren. Man wird sich damit abfinden müssen, daß man ein mittelfristiges Arbeitskonzept benötigt, das Aussagen darüber macht, was pädagogisch sinnvoll ist, für welche Zielgruppen die Arbeit geeignet sein soll, wie das Angebot inhaltlich und personell gefüllt wird, welchen

Umfang es haben soll und wie es politisch und administrativ durchgesetzt wird. Die Frage ist also: wie komme ich zu einem solchen Konzept?

Für all diese Probleme gibt es natürlich Lösungen oder Lösungsvorschläge, auf die ich abschließend eingehen möchte. Bevor ich aber dies tue, will ich doch kurz darauf eingehen, was kulturelle Bildung, was Jugendkulturarbeit leisten kann und was ich für sehr wichtig halte was sie nicht leisten kann.

Grenzen und Möglichkeiten von Jugendkulturarbeit

Vielleicht wird es Sie überraschen, wenn ich hier feststelle, daß aus meiner Sicht Jugendkulturarbeit kein taugliches Mittel zur Lösung aller anstehenden Aufgaben ist. Jugendkulturarbeit kann weder Arbeits- noch Ausbildungsplätze beschaffen, und ich finde heute die Rede von dem Übergang von der Arbeits- zu einer Tätigkeitsgesellschaft äußerst zynisch vor dem Hintergrund unserer gesellschaftlichen Realität, die darin besteht, daß sich trotz aller Arbeitsmarktpobleme ein großer Teil unserer sozialen Beziehungen und der gesellschaftlichen Anerkennung immer noch über bezahlte Arbeit definiert. Vielleicht ist es legitim, darüber nachzudenken, daß wir uns auf eine grandiose Freizeitgesellschaft hinbewegen, in der Automaten unsere Arbeit verrichten und wir nur noch damit beschäftigt sind, unsere kreativen und produktiven Fähigkeiten zu schulen, weiter zu entwickeln oder zu befriedigen. Aus der Erfahrung mit der Entwicklung von Gesellschaften sollten wir jedoch wissen, daß sich solche Zustände nie im Selbstlauf herstellen. Die Diskussion um die Kürzung der Wochenarbeitszeit sollte hinreichend Skepsis in uns wachsen lassen, daß sich die paradiesischen Zustände einer bloß noch kulturell zu füllenden Freizeitgesellschaft so ohne weiteres nicht einstellen. Wir müssen also darüber reden, was Kultur heute in unserer Arbeitsgesellschaft, der wie Hanna Arendt sagt die Arbeit langsam ausgeht, zu leisten vermag. Wenn Kulturarbeit nicht tauglich ist als globaler Sinnersatz und auch Arbeits- und Ausbildungsplätze nicht ersetzen kann: was kann sie sonst?

Kulturarbeit hat in meinem Verständnis sehr viel zu tun mit aktivem Gestalten, mit dem Gestalten von Material, mit dem Gestalten von sozialen Beziehungen. Voraussetzung für diese Gestaltung ist jedoch die Schaffung von Gestaltungsmöglichkeiten, also die Bereitstellung von Freiräumen. Und dies ist durchaus wörtlich zu verstehen, wenn man berücksichtigt, daß eine, meines Erachtens zutreffende, Analyse über die Ursachen der Probleme in der offenen Jugendarbeit zeigt, daß zu wenig Möglichkeiten zur Aneignung des Raumes vorhanden sind.[7)]

Jugendkulturarbeit hat es aus meiner Sicht nach wie vor mit dem etwas aus der Mode gekommenen Begriff der Emanzipation zu tun. Das heißt für mich auch, daß sie es sich nicht leisten kann, die großen gesellschaftlichen Probleme wie Frieden, Arbeit und Umwelt auszuklammern. Sie muß sich dem Widerspruch stellen, daß menschliches Eingreifen in die Natur einen unglaublichen Reichtum - freilich ungleich verteilt - produziert hat, daß menschlicher Erfindungsreichtum aber auch die unglaublichen Zerstörungen in der Natur bewirkt hat, daß wir aber genau diesen technischen Erfindungsreichtum brauchen, um die von ihm verursachten Zerstörungen wieder zu beseitigen.

Jugend- und Kulturarbeit muß sich damit auseinandersetzen, daß das Verhältnis von Kultur und Natur neu zu definieren ist. Haben wir früher in der Schule gelernt, daß sich iñ01Ñbeides voneinander dadurch unterscheidet, daß Natur das ist, was sich ohne menschliche Eingriffe von selber ergibt, wohingegen Kultur vom Menschen gestaltete Natur ist, so zeigt sich heute angesichts der ökologischen Probleme, daß es durchaus eine kulturelle Tat ist, in die Natur nicht einzugreifen.

Kulturelle Bildung ist in meinem Verständnis daher ganz entscheidend politische und soziale Bildung, freilich ohne jedoch daß diese darin aufgehen. Es gibt einen großen Überschneidungsbereich, aber wir müssen auch respektieren, daß es kulturelle Bildungsangebote und Aktivitäten gibt, die sich zunächst nicht sozial oder politisch verstehen und wir müssen respektieren, daß es politische und soziale Bildungsaktivitäten gibt, die sich nicht um kulturelle Methoden oder Inhalte bemühen.

Kulturelle Bildung und Jugendkulturarbeit haben es wesentlich mit der Unterstützung von kreativen Fähigkeiten zu tun. "Kreativ" ist dabei wörtlich zu verstehen, nämlich im Sinne von "schöpfen".

Jugendkulturarbeit sollte so angelegt sein, daß sie zu schöpferischer Tätigkeit ermutigt, daß sie hilft, produktive Fähigkeiten nicht verkümmern zu lassen, sondern sogar noch zu entwickeln.

Jugendkulturarbeit hilft auf diese Weise bei der Entwicklung von konkreten Utopien, bei der Entwicklung von Perspektiven für das eigene und auch für das gesellschaftliche Leben.

Allerdings: Jugendkulturarbeit ist anspruchsvoll was die Fachlichkeit in der Anleitung betrifft. Jeder von uns weiß, daß nur derjenige offene pädagogische Angebote machen kann, die größtmöglichen Freiraum für die individuelle Gestaltung lassen, der souverän in der Beherrschung seiner fachlichen Grundlagen ist. Die Größe des Handlungsrepertoires ist geradezu Garant für eine animative und nicht-direktive Gestaltung kultureller Bildungsprozesse.

Damit komme ich zu der Frage, wie man ein solches Arbeitskonzept realisieren kann.

Einige Überlegungen zur Realisierung von Jugendkulturarbeit

Ich habe oben erwähnt, daß eine notwendige Voraussetzung bei der Realisierung eines kulturpädagogischen Angebotes in einer Einrichtung der offenen Jugendarbeit das Vorhandensein eines Konzeptes ist.

Ich hoffe, ich schrecke Sie nicht ab, wenn ich das Beispiel von Fellbach erwähne: dort hatte es sich die Stadt nämlich eine Menge Geld kosten lassen, um sich von einer schweizerischen Beratungsgesellschaft ein Konzept entwickeln zu lassen, das die Probleme in der offenen Jugendarbeit analysiert und das konkrete Vorschläge macht, in welcher Form zukünftig gearbeitet werden soll.

Möglicherweise sind einige der Ergebnisse dieser Konzeptentwicklung auch auf Ihre Situation übertragbar, so daß ich sie stichwortartig angeben will:

- Es wurde ein Übergewicht von Randgruppen festgestellt.
- Es wurde festgestellt, daß Mädchen und Kinder bei den Nutzern der Einrichtungen sehr stark unterrepräsentiert waren.
- Es wurde festgestellt, daß die äußere Erscheinungsform der Jugendeinrichtungen ausgesprochen unattraktiv war. Man sprach von einem "Fabrikgelände vor dem Konkurs".
- Man schlug dagegen vor, daß man - anstatt defensiv abzuwarten, bis die Jugendlichen kommen und diese dann mit Angeboten zur Beziehungsarbeit zu beschäftigen - offensiv Angebote für alle Jugendlichen machen wollte.
- Man wollte also weg von bloßer Defizitbewältigung, was verbunden war mit einer Entwicklung hin zu einem Typus "Freizeiteinrichtung" zu Ungunsten des bislang realisierten Typus "Einrichtung der Sozialarbeit".
- Man schlug eine mehrmonatige Schließung vor, in der das Gebäude renoviert werden sollte.
- Man entwickelte spezielle Angbote für Mädchen und Kinder und teilte die gesamte Jugendhausarbeit auf in verschiedene Bereiche: einen speziellen Kulturbereich, einen Bereich mit traditioneller offener Jugendarbeit und in zielgruppenspezifische Angebote. Außerdem schlug man die Einrichtung eines Restaurationsbetriebes vor.
- Entsprechend dieser Arbeitsaufteilung wurde das Mitarbeiterteam nach Neigung und Eignung in relativ autonome Kleingruppen aufgeteilt.

Ich berichte von diesem Vorgehen deshalb so ausführlich, weil es sicherlich auch für Sie interessant ist, nicht bloß die Ergebnisse daraufhin zu überprüfen, ob sie für Sie tauglich sind, sondern weil dieses Vorgehen auch zeigt, wieviel einer Kommune die Entwicklung eines vernünftigen Konzeptes für die Jugendarbeit wert ist.

Zu der Frage einer Entwicklung eines Konzeptes,
also zur Beantwortung der Frage, wer macht was mit wem wann und wie lange, wieviel kostet dies, zu welchem Zwecke kann ich das tun, welche organisatorischen Rahmenbedingungen sind

dafür erforderlich; zu dem Problem, wie all diese Fragen vor Ort zu beantworten sind, gibt es seit langem bewährte Arbeitskonzepte. Ich erwähne hier nur etwa die Fortbildungsangebote der bundeszentralen Fortbildungsakademien, die im Rahmen ihrer Angebote zur Organisationsentwicklung und Institutionsberatung ausdrücklich auch die Entwicklung solcher Arbeitskonzepte einbeziehen, wobei es besonders wichtig ist, diese Konzeptentwicklung zusammen mit den Mitarbeitern der betroffenen Einrichtung vorzunehmen, da diese schließlich die entwickelten Konzepte per sonell mit ihrem Engagement und ihrer Arbeit tragen sollen.

Zu der Frage der Finanzierung:
Natürlich kostet eine konzeptionelle Änderung der Arbeit einer Einrichtung Geld. Um dieses Geld zu bekommen, brauchen Sie wiederum ein Konzept, denn kein Politiker gibt Geld für etwas, von dem er nicht weiß, was dabei beabsichtigt und inwieweit absehbar ist, ob das angestrebte Ziel erreicht werden kann. Auch für die Akquisition von Geldern brauchen Sie also ein solides und verständliches Arbeitskonzept. Sie brauchen allerdings noch mehr, und damit komme ich auf einen eher ungeliebten Bereich sowohl in der Sozial- als auch in der Kulturarbeit zu sprechen, auf den Bereich der Finanzierung, der Organisation und Verwaltung. Ich darf hier noch einmal die Stuttgarter Erfahrungen erwähnen. Alexander Pfeiffer, der Fortbildungsreferent des Stuttgarter Jugendhauses, sagt etwa: "Management, planen, organisieren und leiten in der offenen Jugendarbeit sind deshalb neben inhaltlichen Fragestellungen zentrales Thema unserer Fortbildung und Supervision".

Stuttgart ist in der Tat schon recht weit gediehen, sowohl bei dem Realisieren neuerer kulturpädagogischer Konzepte in der Jugendarbeit als auch bei dem Finden neuer Probleme, die sich bei dieser Realisierung ergeben. Diese Erfahrungen, die nicht nur in Stuttgart, sondern auch in Witten und vermutlich inzwischen auch in Fellbach vorliegen, können Sie nutzen für Ihre eigene Arbeit.

Des weiteren schlage ich vor, ein älteres Konzept, das im "Ergänzungsplan musisch-kulturelle Bildung" vorgeschlagen wurde aber inzwischen schon fast vollständig vergessen worden ist, zu neuem Leben zu erwecken: ich meine den kulturpädagogischen Dienst. Ursprünglich war damit beabsichtigt, eine engere Kooperation zwischen den Bildungs- und Kultureinrichtungen herzustellen. Heute könnte eine zeitgemäße Umformulierung dieser Idee darin bestehen, eine *kommunale Vernetzung* zwischen den unterschiedlichen Anbietern kulturpädagogischer Programme vorzunehmen. Ich denke hier etwa an Jugendkunst- oder Musikschulen, die ihrerseits viel Erfahrung bei der Gestaltung spezifischer kulturpädagogischer Angebote haben und die mit ihrem Erfahrungsreservoir zur Verfügung stehen, wenn Sie entsprechende Informationen benötigen.

Vermutlich ist es zur Zeit noch eine Utopie, dies für alle Städte zu fordern, doch als Modell ist es allemal tauglich: das ambitionierte Vorhaben von München zur Realisierung einer Jugendkulturentwicklungsplanung. Damit wird beabsichtigt, das kulturpädagogische Netzwerk, von dem ich gesprochen habe, nicht nur zu knüpfen, sondern auch anzugeben, wie es sich stabilisieren und weiterentwickeln kann. Nötig ist dazu natürlich, daß sich die kommunale Verwaltung darauf einläßt, referats- und ressortübergreifend zu arbeiten, also Kollegen aus den Ressorts Soziales, Schule, Kultur zusammen mit Stadtplanern und natürlich dem Hauptamt an einen Tisch zu bekommen.[10] Die Realität ist leider, daß dies auf Anhieb nicht gelingt. Es gelingt jedoch und dies zeigt die Erfahrung -, wenn Sie es mit konkreten Projekten versuchen. Und dies würde ich Ihnen dringend empfehlen, da es eine ganze Reihe Ihrer Probleme sehr praxisnah zu lösen hilft: die Durchführung eines zeitlich begrenzten Projektes mit einem oder mehreren Künstlern in Ihrer Einrichtung.[11] Es gibt hierfür eine ganze Reihe von Beispielen, und ich will Ihnen kurz einige mögliche Erfolge einer solchen Projektarbeit vorstellen:

- Ein Projekt, von dem ich hier spreche, meint eine zeitlich begrenzte Zusammenarbeit eines oder mehrerer Künstler(s) mit Jugendlichen und Mitarbeitern eines Hauses im Rahmen einer besonderen Aufgabenstellung. Die Aufgabenstellung sollte aus der besonderen Situation der Einrichtung erwachsen.
- Die Entwicklung einer Projektidee ist die erste Stufe im gemeinsamen Nachdenken über ein Arbeitskonzept. Die zeitli-

che Befristung des Projektes setzt Ihnen eine bestimmte Frist und setzt Sie auch unter einen positiv zu verstehenden Erfolgsdruck.
- Projekte sind in der Lage, kurzfristig Energie zu bündeln. Sie schaffen bei der Realisierung des Projektes Organisationsstrukturen, die nach Abschluß des Projektes weiter genutzt werden können. Sie können mit einer interessanten Projektidee Drittmittel erschließen, die Sie für Ihre laufende Arbeit nicht bekämen. Sie können während der Realisierung des Projektes lernen, Öffentlichkeitsarbeit für Ihr Anliegen und Ihre Einrichtung zu machen und damit günstige Voraussetzungen zu schaffen für die zukünftigen Haushaltsverhandlungen. Zugleich eröffnet die Zusammenarbeit mit den Künstlern Ihren Mitarbeitern in der Einrichtung die Chance, sich praxisnah in diesem künstlerischen Bereich fortzubilden. Notwendig ist jedoch eine Veränderung des professionellen Selbstbildes, da sich die Mitarbeiter hier ebenso wie die Jugendlichen als Lernende in das Projekt eingeben. Es gibt bundesweit eine ganze Reihe von Fördermöglichkeiten für derartige Projekte: kommunal, regional, auf Länderebene und auf Bundesebene.[12]

Die Akademie Remscheid und die in der Akademie Remscheid befindlichen Institutionen können Ihnen bei der Realisierung Ihrer Aufgabe ebenfalls helfen: zunächst steht Ihnen unser Fortbildungsangebot zur Verfügung, und dies in erster Linie in dem künstlerisch-pädagogischen Bereich. Sie finden jedoch auch Angebote für Fragen der Organisation, Finanzierung und Verwaltung.

Das Institut für Bildung und Kultur in der Akademie Remscheid fördert seit Jahren Projekte, wie ich sie oben beschrieben habe.

Zur Zeit noch äußerst umstritten, aber in der Praxis meines Erachtens nötig, ist mein Vorschlag zur Einrichtung von qualifizierten Beratungseinrichtungen, die Ihnen nicht nur Hinweise geben können auf Finanzierungsmöglichkeiten, sondern die auch in der Lage sind, eine Konzeptentwicklung mit Ihnen durchzuführen, wie ich sie oben beschrieben habe.

Anmerkungen und Literatur

1. Diesen Ansatz habe ich in dem Manuskript: Jugend als Entwicklungsaufgabe, Remscheid 1987, ausführlicher dargestellt.

2. Siehe hierzu die Tagungsdokumentation der BKJ: Computer in der kulturellen Jugendbildung. Remscheid 1989 (im Erscheinen)

3. "Archäologie der Hoffnung", siehe das ARS-Programm 1989.

4. Peter Alheit: Wieviele Kulturen braucht der Mensch? In: Mitteilungen Werkstatt und Kultur (Hsg.): Jugendarbeit und Kulturarbeit. Stuttgart 1988.

5. Kaspar Maase: Leben einzeln und frei wie ein Baum... Frankfurt 1985.

6. Alexander Pfeiffer: Aktuelle Praxisprobleme offener Jugendarbeit. Mitteilungen des Landesjugendamtes Nr. 96, Münster 1988.

7. Als ein Beleg unter anderen möglichen verweise ich auf die einführenden Bemerkungen der AGJ zum letzten Jugendhilfetag.

8. Nachzulesen sind sie etwa bei W. Miehle-Fregin: Das Selbstverständnis offener Jugendarbeit in Baden-Württemberg. In: Mitteilungen des Landesjugendamtes 96, Münster 1988.

9. In dem in Anmerkung 6 genannten Beitrag.

10. Solche Probleme werden in Max Fuchs (Red.): Kulturarbeit als Gemeinwesenentwicklung, Remscheid 1988 (Schriftenreihe des IBK), diskutiert.

11. Das Institut für Bildung und Kultur in der Akademie Remscheid hat in den letzten Jahren über 90 derartige Projekte ge-

fördert, unter denen sich auch Beispiele aus der offenen Jugendarbeit befinden. Projektberichte sind in der IBK-Zeitschrift "Kultur-Kontakte" nachzulesen.

12. Eine nützliche Hilfe ist A. Birmes/P. Vermeulen: Kursbuch Kulturförderung. Unna 1989.

2.2
NEUE AUFGABEN FÜR STADTBÜCHEREIEN
Vortrag aus Anlaß der Wiedereröffnung der Kinder- und Jugendbibliothek sowie Graphotek in der Stadtbücherei Remscheid

Meine Damen und Herren,
der Titel meines Beitrages heißt: "Neue Aufgaben für Stadtbüchereien".

Wenn man über *neue* Aufgaben spricht, dann stellt sich sofort die Frage, ob denn überhaupt die alten Aufgaben gelöst sind. Man müßte dann sprechen über Stellenpläne der Einrichtung, über Anschaffungsetats, und man hätte sofort die gesamte unerfreuliche Diskussion über die schlechte Ausstattung der Kuturetats in unseren Städten und Gemeinden, die bekannterweise immer eines der ersten Zieles des Stadtkämmerers sind, wenn es zu sparen gilt. Diese finanziellen Probleme im Kulturbereich müssen natürlich ständig beklagt werden, doch reicht dies nicht aus, um unser kulturelles Leben voranzubringen. Ich meine vielmehr, daß gerade in Zeiten knapper öffentlicher Haushalte nicht nur über die Schwierigkeit, alte Aufgaben zu bewältigen, gesprochen werden muß, sondern daß es gerade in dieser Zeit nötig ist, sich über neue Aufgaben Gedanken zu machen, neue Aufgaben, die unter Umständen auch mehr Geld kosten.

Zur Begründung dieser Forderung möchte ich auf den Wirtschaftsbereich hinweisen. Dort hat man für eine derartige Situation das Konzept einer "antizyklischen Wirtschaftspolitik" entwickkelt. Dieses Konzept bedeutet, daß gerade bei einer schlechten konjunkturellen Lage erhebliche Mittel für Invenstitionen ausgegeben werden, um dem derzeitigen Tief entgegenzusteuern. In diesem Sinne meine ich, daß man auch im Kulturbereich von einer *antizyklischen Kulturpolitik* sprechen soll, man also gerade in Zeiten einer ständigen Kürzung von Kuturetats neue Ideen und neue Konzepte entwickeln soll, und dies auch aus dem Grund, um nicht vollständig in die Defensive gedrängt zu werden.

Ich spreche hier aus eigener Erfahrung, denn auch die Akademie Remscheid steht unter dem Druck finanzieller Engpässe in öffentlichen Haushalten. In dieser Situation sind wir natürlich ständig gezwungen, gegen immer neue Grausamkeiten der Mittelreduzierung anzuargumentieren. Allerdings sehen wir auch die Gefahr, die in einer solchen defensiven Haltung begründet liegt: Immer bloß Kürzungen vermeiden zu wollen, kostet soviel Kraft, daß für die Entwicklung innovativer Ideen überhaupt keine Zeit mehr bleibt. Diese Situation kann sich daher auch insofern gegen uns wenden, als sich daraus die Gefahr ergibt, daß wir uns nach einigen Jahren hartnäckiger Defensive und hartnäckiger Abwehr von immer neuen Kürzungsforderungen die Frage gefallen lassen müssen, wo denn die neuen Ideen bleiben. Denn schließlich werden wir auch für die Entwicklung innovativer Konzepte bezahlt.

Aus diesem Grunde halte ich jetzt die Gelegenheit für günstig, sich auf neue Aufgaben kultureller Einrichtungen zu konzentrieren.

Eine zweite Überlegung möchte ich hier anfügen. "Neue Aufgaben" kann aus der Sicht verschiedener Ressorts durchaus etwas verschiedenes bedeuten. Meine Sichtweise ist die, Stadtbibliotheken als wichtige Institutionen im Bereich der kulturellen Bildung sehen zu wollen.

Was bedeutet dies? Ich verstehe unter "kultureller Bildung", daß immer mehr Menschen zu einem aktiven Umgang mit und in künstlerischen Ausdrucksformen hingeführt werden. Menschen sollen nicht bloß passiv konsumieren, sie sollen vielmehr in die Lage versetzt werden und den Wunsch dazu haben, selber zu malen, selber zu schreiben, selber bei einer Theatergruppe mitzuspielen, kurz: sich selber aktiv und gestaltend in einem künstlerischen Medium zu bewegen.

Damit habe ich ein meiner Ansicht nach entscheidendes Schlüsselwort für kulturelle Bildung genannt: den Begriff des Gestaltens. Gestalten meint genau dies: Mit Hilfe künstlerischer Ausdrucksformen einzugreifen, die Wirklichkeit also wahrzunehmen, zu reflektieren und in dieselbe Wirklichkeit wieder mit entwickelten Vorstellungen und den spezifischen Möglichkeiten künstlerischer Ausdrucksformen einzugreifen. Meiner Ansicht nach ist diese Form des Gestaltens, diese Form des eingreifenden Handelns ein Wesensmerkmal des Menschen. Ohne die Möglichkeit, selber gestalten zu können, fühlt er sich nicht wohl, fehlt ihm etwas, weil er spürt, daß er einen entscheidenden Teil seines Wesens nicht realisiert und ausführt.

Wenn Gestalten bei kulturellen Bildungsprozessen so wichtig ist und wenn wir andererseits aber feststellen müssen, daß wir uns hier in einer Bibliothek befinden, einer Bibliothek, die es offenbar mit Lesen zu tun hat, so stellt sich sofort die Frage, wie ist denn Gestaltung beim Lesen möglich?

Hierzu kann man zunächst einmal feststellen, daß es verschiedene Formen des Lesens gibt.

Eine erste - stark verbreitete - alltägliche Form des Lesens, die auch wichtig ist für die Bewältigung des Alltags ist, ist das flüchtige Lesen, das oberflächliche Lesen, etwa das Lesen von Gebrauchsanweisungen.

Eine weitere Form des Lesens ist weitaus anspruchsvoller. Es ist eine Form des nachvollziehenden Lesens, ein Lesen, bei dem man die ästhetischen Gestaltungsprinzipien des Textes, den man vor sich hat, nachvollzieht. Es ist ein begreifendes Lesen, ein Lesen, das die literarische Qualität des Textes zu erschließen hilft. Sie sehen, daß wir uns bei der Differenzierung dessen, was Lesen bedeuten kann, dem Gestalten annähern, denn gerade die letzte Form des bewußten Lesens bedeutet ja, ästhetische Gestaltungsprinzipien nachzuvollziehen, d.h. zu re-produzieren.

Aber diese bewußte Auseinandersetzung mit schriftlichen Texten läßt sich natürlich noch steigern. Wir in der Akademie Remscheid sprechen daher auch nie isoliert nur von Leseförderung, sondern wir sprechen immer von einer integrierten Lese- und Schreibförderung. Wir gehen dabei von der Richtigkeit der These aus, daß derjenige, der selber schreibt, auch bewußter liest. Lese- und Schreibförderung - wie soll das funktionieren? Als erstes dürften sich - vielleicht nicht bei jedem sonderlich angenehme - Assoziationen zur allgemeinbildenden Schule einstellen. Denn in der Tat ist dies eine der zentralen Aufgaben unseres Schulwesens, die wesentlichste Basis-Kulturtechnik, nämlich das

Lesen und Schreiben, zu vermitteln. Leider geschieht dies jedoch mit Verfahren, die wir im Bereich der außerschulischen kulturellen Bildungsarbeit nicht anwenden können. Unabhängig davon, daß es in der Regel Kinder sind, die in der Schule lesen und schreiben lernen, können wir uns im Bereich der kulturellen Bildung, insbesondere dann, wenn sie in der außerschulischen Jugendarbeit stattfindet, nicht auf eine Verpflichtung zur Teilnahme an unseren Programmen und Veranstaltungen stützen. D.h. alleine schon aufgrund des in unserem Bereich vorherrschenden Prinzips der Freiwilligkeit der Teilnahme an den Veranstaltungen sind wir dazu gezwungen, animative Verfahren zu entwickeln, also Verfahren, die Spaß machen, die motivieren, die sehr schnell Erfolge vermitteln, da sonst die von uns angesprochenen Kinder und Jugendlichen schnell wieder von unseren Angeboten und Programmen fernbleiben. In der außerschulischen Jugendarbeit wurden daher in den letzten Jahren eine Fülle von spannenden und anregenden Verfahren entwickelt, wie man Menschen zum eigenen Schreiben ermutigt und sie dazu anleitet.

"Bibliothek" bedeutet von seiner griechischen Wortbedeutung her Buchbehälter. Wir befinden uns also - wenn die Bezeichnung stimmt - hier in einem Buchbehälter. Aber schon nach einem flüchtigen Umschauen erkennen wir, daß diese Bezeichnung völlig falsch ist. Denn wir entdecken hier nicht nur Bücher, wir finden auch Noten, wir sehen Cassetten, Schallplatten, wir sehen Grafiken und Aquarelle, wir sehen Spiele. Wir haben es hier also nicht mit einem "Buchbehälter" zu tun, sondern mit einem "Medienbehälter", d.h. wir sind hier in einer Mediothek.

Was bedeutet das für das Anliegen der kulturellen Bildung? Die Vielfalt der hier vertretenen Medien eröffnet unglaubliche Chancen für eine spartenübergreifende Arbeit. D. h. es gibt von der Ausstattung her eine sehr gute Möglichkeit, bei Menschen, die zunächst nur Interesse an Büchern haben, Neugierde zu wecken etwa für Tonträger oder für grafische Arbeiten. Denn auch dies ist ständiges Anliegen der kulturellen Bildung: die kulturellen Bedürfnisse zu erweitern und möglicherweise bei der Erweiterung der Bedürfnisse etwas nachzuholen, wozu die Menschen in der Vergangenheit keine Gelegenheit hatten.

Beide bisher angesprochenen Aspekte, also zum einem den Übergang vom Lesen zum Schreiben und zum anderen die Möglichkeit multimedialen Arbeitens, kann als Prozeß der Öffnung interpretiert werden. "Öffnung" ist zu Zeit ein Konzept, das in vielen Bereichen eine Rolle spielt: im Bildungsbereich entwickeln in verschiedenen Bundesländern Kultusministerien Konzept zur Öffnung von Schulen. Auch im kulturpolitischen Bereich hat das Konzept der Öffnung eine längere Tradition. Öffnung meint hierbei verschiedenes: Öffnung von Kultureinrichtungen meint, äußeres nach innen zu lassen, hier am Beispiel der Stadtbücherei etwa die Möglichkeit für viele Vereine und Organisationen, ihre Veranstaltungen in der Stadtbücherei durchzuführen.

Öffnung im inneren meint - wie oben skizziert - das Arbeiten in fachübergreifenden multimedialen Ansätzen.

Öffnung nach außen wird hier dann praktiziert, wenn die Stadtbücherei eine aufsuchende Bibliotheksarbeit betreibt, d.h. wenn sie mit ihren Büchern und anderen Medienbeständen zu Menschen hinfährt, die nicht von selber in die Stadtbücherei kommen können oder nicht wollen.

Dieses Konzept der Öffnung assoziiere ich mit einigen anderen Begriffen, bei denen Öffnung und Offenheit ebenfalls eine wichtige Rolle spielen: Mit dem Begriff des Marktes etwa, oder mit dem Begriff des Forums. Wenn Sie selber einmal ihre Gedanken spazieren gehen lassen, welche Vorstellungen bei dem Begriff des Marktes ausgelöst werden, dann denken Sie an etwas, das keine Zugangsschranken hat, wo jeder hingehen kann, wo man sich begegnet und austauscht.

All dies sind wesentliche kulturpolitische und kulturpädagogische Zielstellungen. Abbau von Schwellenängsten spielt insbesondere für traditionelle Kultureinrichtungen eine große Rolle. Der Markt als Austausch von Meinungen, vielleicht auch von ungeschützten Meinungen, könnte eine wichtige Alternative zu den Programmen der öffentlich-rechtlichen Rundfunkanstalten sein, bei denen an die Stelle von Meinungsstreit und Meinungsfreude oft das zum Teil sehr langweilige Prinzip der Ausgewogenheit tritt. Die Bibliothek als Markt: Hierfür sprechen auch die enormen Besucherzahlen, die jede andere Bildungs- und Kultureinrichtung vor Neid erblassen lassen können: Für das letzte Jahr habe ich im

Tätigkeits- und Geschäftsbericht der Stadtbücherei gelesen, daß es ca. 450.000 Ausleihen gab. Ich habe zwar nicht die Zahl der Personen, die dahinterstecken, im Kopf. Aber immerhin sind diese 450.000 Ausleihen 450.000 Kontakte mit Menschen. Die Anzahl der Kontakte und die Ausstattung mit Materialen, mit künstlerischen Medien, d.h. das Angebot zur künstlerischen Betätigung, sind in der Bibliothek ausgezeichnete Rahmenbedingungen. Es kommt also darauf an, diese sehr günstigen Ausgangsbedingungen nutzen, um neue und interessante Konzepte auszuprobieren, Menschen von der Freude, die kulturelle Betätigung vermittelt, zu überzeugen.

Öffnung ist - wie erwähnt - kein neues Konzept. An einen bestimmten Realisierungsvorschlag im Bereich der Kulturpolitik und Kulturpädagogik möchte ich an dieser Stelle erinnern. Im letzten Jahrzehnt ging man daran, in vielen gesellschaftlichen Bereichen Planungen vorzunehmen. Auch im Bildungsbereich wurde von vielen Fachautoritäten und politischen Gremien ein Bildungsgesamtplan erstellt, wobei Gesamtplan auch bedeuten sollte, daß alle Bildungsangebote in der Gesellschaft erfaßt und in eine systematische Ordnung gebracht werden sollten.

Sofort nach Fertigstellung des Bildungsgesamtplanes stellte man jedoch fest, daß er erhebliche Lücken hatte. Lücken gerade in dem Bereich, über den wir hier sprechen. Es wurde daher nötig, einen Ergänzungsplan neben dem vorliegenden Bildungsgesamtplan zu erstellen, einen Ergänzungsplan "Musisch-kulturelle Bildung".

Dieser Ergänzungsplan führte nun das Planungsvorhaben für den gesamten Bereich kultureller und kulturpädagogischer Angebote im schulischen und vor allen Dingen im außerschulischen Bereich durch. Neu war an diesem Teil der Bildungsplanung ein Konzept, das seither meines Erachtes zu Unrecht wieder in den Schubladen verschwunden ist: Das Konzept des kulturpädagogischen Dienstes.

Mit diesem Konzept wollte man damals die Zusammenarbeit zwischen den traditionellen Kultureinrichtungen wie Theater, Oper, Bibliothek und Museum und der Schule als der traditionellen Bildungseinrichtung verbessern. Inzwischen ist in den 10 Jahren, die vergangen sind, viel geschehen: Die sogenannten traditionellen kulturellen Einrichtungen sind nicht mehr so traditionell, wie sie es damals bei der Abfassung des Ergänzungsplans musisch-kulturelle Bildung noch waren: Es gibt inzwischen an Stadttheatern theaterpädagogische Bereiche, in denen man versucht, aus dem Theater hinaus zu gehen, um mehr Menschen anzusprechen, die nicht selber in die Theater kommen. Dasselbe gilt für Opernhäuser, dasselbe gilt für Museen, wobei gerade hier in Remscheid das Werkzeugmuseum ein ausgezeichnetes Beispiel ist, wie man das vielleicht etwas trockene Anliegen der musealen Aufbewahrung vergangener Kultur auf eine erfrischende und lebendige Weise an die Menschen heranbringen kann.

Ein Beispiel ist natürlich auch die Bibliothek, in der wir uns hier befinden.

Noch ein weiteres ist in diesen 10 Jahren geschehen: Es hat sich außerhalb dieses traditionellen Kulturbereiches etwas entwickelt, was damals erst in Ansätzen vorhanden war. Ich meine hier den Bereich der "Sozio-Kultur". Dieser Bereich erfaßt die vielfältigsten freien Gruppen und Künstlerinitiativen, die freien Theatergruppen, die offenen Ateliers von bildenden Künstlern, die freien Kunst- und Musikschulen und natürlich auch die soziokulturellen Zentren.

Sozio-Kultur als kulturpolitisches Konzept versucht, dezidert einen demokratischen Kuluranspruch zu realisieren und hat in den letzten 10 Jahren zu einer deutlichen Sensibilisierung für die kulturellen Ausdrucksformen im Alltag geführt.

Die Bibliotheken - und damit komme ich zu einer weiteren neuen Aufgabe - sind meines Erachtens in ausgezeichneter Weise dafür geeignet, dieses tradtionelle Konzept des kulturpädagogischen Dienstes zu revitalisieren. Bibliotheken könnten also zu Schalt- und Kontaktstellen zwischen dem Bereich der traditionellen, aber schon längst nicht mehr bloß traditionell arbeitenden Kultureinrichtungen, dem Bereich der Soziokultur und den Bildungseinrichtungen werden.

Vieles von dem, was ich hier vorgetragen und vorgeschlagen habe, gibt es bereits. Wir erleben heute mit der Eröffnung einer Kinder- und Jugendbibliothek zugleich die Eröffnung einer Grafothek. Ich könnte zur Illustration der neuen Aufgaben es mir daher leicht machen und einfach das Programm dieser Stadtbü-

cherei der kommenden Woche vorlesen, in dem wir folgende Programmpunkte finden:
- Christa Schwandrau malt und bastelt einen Wunschbaum mit Kindern,
- Annette Strathoff fertigt mit Kindern Collagen an,
- Gisela Becker übt Radierungen,
- Angela Brinkmann führt Kinder in das Malen mit Erdfarben ein.

Es handelt sich also bei der Vorstellung und Forderung neuer Arbeitskonzepte für Stadtbüchereien überhaupt nicht um neue Konzepte, überhaupt nicht um Zukunftsmusik.

Mein Anliegen ist vielmehr sehr viel bescheidener: Wenn es mir gelungen sein sollte, Sie, die Mitarbeiterinnen und Mitarbeiter in der Stadtbücherei zu ermutigen, diesen geschilderten Weg fortzusetzen, sich nicht entmutigen zu lassen durch das auch notwendige Bohren sehr dicker Bretter, wie das überall im Kulturbereich notwendig ist, dann sehe ich mein Ziel hier für heute als erreicht an.

An dieser Stelle könnte ich nun sehr gut meine Ausführungen abschließen, wenn nicht auch auf einige Wermutstropfen hinzuweisen wäre. Die Wermutstropfen beginnen dort, wo man anfängt zu fragen, wer all diese schönen und neuen und zum Teil auch teuren und personalintensiven Konzepte realisieren soll. Ich meine damit nicht die Frage, daß die Personalausstattung zu klein ist, daß die finanziellen Möglichkeiten beschränkt sind etwa dann, wenn man Künstler hier hineinholt, sondern die Frage nach den hier arbeitenden Menschen und den Qualifikationserfordernissen für eine derart anspruchsvolle kulturpädagogische Tätigkeit, die weit über die klassischen Aufgaben des Bibliothekars hinausgehen. Wir müssen uns also auch fragen, inwieweit die Mitarbeiterinnen und Mitarbeiter einer Stadtbücherei durch ihre Ausbildung in die Lage versetzt werden, auf diese Weise, wie ich es hier angedeutet habe, kulturpädagogisch anspruchsvoll zu arbeiten.

Schauen wir einmal kurz in die Geschichte von Bibliotheken: Sie sind entstanden im 19. Jahrhundert, und oftmals war die Motivation zu ihrer Gründung ein soziales und politisches Anliegen. Im Bereich der Arbeiterbewegung versuchte man, politisch ambitioniert die Arbeiterinnen und Arbeiter durch die Ermöglichung von Bildung in Bibliotheken zu einem politischen Engagement zu qualifizieren. Von Wilhelm Liebknecht stammt der Spruch, der auf den englischen Philosophen Francis Bacon zurückgeht: Wissen ist Macht.

Als Gegenbewegung zu dieser sozialistischen Variante von Bibliotheksarbeit richtete das Bürgertum ebenfalls Lesehallen ein, mit dem oft unausgesprochen, zum Teil jedoch auch offen ausgesprochenen Ziel der Befriedung der Bevölkerung. So unterschiedlich nun die beiden Zielstellungen sind, eines haben beide gemeinsam: Bibliotheksarbeit wurden nicht als wertfreie Informationsübermittlung verstanden, sondern sie diente der Realisierung eines besonderen politischen und sozialen Engagements.

Ich mache jetzt einen Sprung von einigen Jahrzehnten und stelle fest, daß gerade in den Jahrzehnten nach dem 2. Weltkrieg sich auch in der Ausbildung von Bibliothekaren und in der Praxis von Stadtbüchereien eine eher technokratische Sichtweise breit gemacht hat. Man kann das erkennen an der kontroversen Diskussion um eine soziale oder aufsuchende Bibliotheksarbeit. Man kann es auch an den Ausbildungsinhalten erkennen, bei denen - so wird gesagt - eher die Kenntnis vieler Katalogisierungssysteme im Vordergrund stand und weniger die Frage animativer Vermittlungsformen der vorhandenen Wissensbestände. Der Schwerpunkt lag auf der Bereitstellung wertneutraler Informationen. Diese Bereitstellung wertneutraler Informationen ist natürlich stets und nach wie vor wichtig als zentrale Aufgabe der Bibliothek, reicht aber nicht aus, wenn man Bibliotheken und ihre Rolle im Rahmen einer Konzeption kultureller Bildung diskutiert.

Im Rahmen einer Konzeption kultureller Bildung braucht man Bibliotheken, die engagiert auf Menschen zugehen, die nicht bloß Informationen anbieten, sondern die auch sozial-pädagogische Ziele verfolgen. Solche Bibliothekare werden heute nur in Ausnahmefällen ausgebildet.

An dieser Stelle müßte ich nun als Vertreter einer Fortbildungseinrichtung nicht traurig sein, denn von diesen Ausbildungsdefiziten lebt unsere Einrichtung, lebt die Akademie Remscheid. Ich darf - auch um die Arbeit der Akademie hier ein wenig transparenter zu machen - abschließend kurz erklären, was wir in diesem Arbeitsbereich an Bildungsmöglichkeiten anbieten: Erstmals haben wir zusammen mit dem Arbeitskreis Jugendliteratur für das Jahr 1989 eine Fortbildung konzipiert, die all die vielen interessanten Verfahren und Methoden enthalten soll, von denen ich eben gesprochen habe und die meines Erachtens notwendig sind, wenn man aus einer Bibliothek, die sich auf wertneutrale Informationsdarbietung beschränkt, eine kulturpädagogisch engagiert arbeitende Bibliothek machen will. Trotzdem sind wir in der Akademie Remscheid mit diesen wenigen Fortbildungsmöglichkeiten, die wir anbieten, nicht zufrieden. Daher haben wir - auch im Sinne der anfangs erwähnten "antizyklischen Kulturpolitik" - ein (sehr teures) Konzept zur Einrichtung eines Fachbereichs Literaturpädagogik entworfen. D.h. konkret, wir hoffen, nächstes Jahr eine Dozentin oder einen Dozenten zu bekommen, der systematisch ein Fortbildungsprogramm genau für den Bereich, über den ich heute gesprochen habe, entwickelt, und möglicherweise wird es dann zu einer weiteren Zusammenarbeit zwischen der Akademie und der Stadtbücherei Remscheid kommen, dann nämlich, wenn Mitarbeiterinnen und Mitarbeiter aus der Stadtbücherei Remscheid in der Akademie eine Fortbildung durchführen.

In diesem Sinne freue ich mich auf eine weitere Zusammenarbeit der Akademie und der Stadt und wünsche der Stadtbücherei Remscheid viel Erfolg und Duchhaltevermögen auf ihrem weiteren Weg.

2.3
JUGENDARBEIT ALS PÄDAGOGISCHE AUFGABE

Zur Fundierung der Jugendarbeit

1. "Jedes deutsche Kind hat ein Recht auf Erziehung zur leiblichen, seelischen und gesellschaftlichen Tüchtigkeit"[1]. Mit diesen Worten beginnt das Gesetz für Jugendwohlfahrt und begreift Jugendhilfe somit als Erziehung. Freilich unterbleibt im Folgenden eine wertmäßige und normative Füllung und Interpretation des Erziehungsauftrages, wenngleich als normativer Hintergrund die Regelungen des Grundgesetzes, insbesondere die Grundrechte (und hier vor allem die Artikel 2 - freie Entfaltung der Persönlichkeit und Artikel 3 - Chancengleichheit -) mitbedacht werden müssen. Jugendhilfe nun als Erziehungsgeschehen zu begreifen, weist das Nachdenken über Jugendhilfe in den Bereich der Erziehungswissenschaft. Es ist daher nicht weiter verwunderlich, wenn es zu den verschiedenen grundlagentheoretischen Ansätzen der Allgemeinen Erziehungswissenschaft entsprechende Ansätze in der Jugend- und Sozialarbeit gibt[2].

Eine entscheidende Grundfrage pädagogischen Denkens ist dabei - von Beginn eines systematischen Nachdenkens über pädagogische Fragen an - das Verhältnis von Individuum und Gesellschaft. Denn stets war pädagogisches Denken immer dann gefordert, wenn bislang problemlos funktionierende Gesellschaftsbereiche ihren Erziehungsauftrag - gemessen an gesellschaftlichen Erfordernissen - nicht mehr erfüllten. Aus diesem Grund entstand in nennenswertem Maßstab das öffentliche Schulwesen und - dieses begleitend - als erste erziehungs*wissenschaftliche* Disziplin die Schulpädagogik zu Beginn der Neuzeit[3].

Aus diesem Grund entstand im 19. Jahrhundert die Sozialpädagogik als gesellschaftliches Problem- und Praxisfeld und das Nachdenken über das wissenschaftliche Begreifen dieser Praxis.

2. Zur Zeit scheint dieses Nachdenken über die pädagogischen, sozialen und politischen Grundlagen der Jugendhilfe wiederum an Aktualität zu gewinnen, da der Entwurf für ein reformiertes Jugendhilferecht im Gespräch ist, der auf eine veränderte Praxis reagiert, mit dem jedoch als zentrales Regelinstrument auch zielorientiert in die bestehende Praxis eingegriffen werden soll.

In dieser Situation verdienen insbesondere konzeptionelle Vorstellungen über Fundierung und Ausgestaltung der Jugendarbeit unsere besondere Aufmerksamkeit, die sehr direkt und unmittelbar eine Verbindung zwischen gesellschaftlicher Entwicklung und Jugendarbeit herstellen.

Jugendarbeit und die Informations-und Kommunikationstechnologie

Eine solche, zur Zeit äußerst virulente Position argumentiert etwa wie folgt[4]:

- die bundesdeutsche Gesellschaft ist auf dem Wege zur "Informationsgesellschaft"
- dies heißt, daß die Informations- und Kommunikationstechnologien alle gesellschaftlichen Bereiche erfassen, also die entscheidende Querschnittstechnologie sind.
- dies läßt sich u.a. daran erkennen, daß der Computer nicht nur seinen Siegeszug durch die Wirtschaft und Verwaltung angetreten hat, sondern auch unabdingbarer Bestandteil unserer Alltagskultur geworden sei.
- in dieser Situation sei nun alarmierend, daß entsprechend kritischer Hinweise in OECD-Studien die Bereiche Bildung, Kultur und Soziales um etwa 5 Jahre zurücklägen.

- daher ist eine entsprechende Offensive nötig, da dieser Zustand für eine der führenden Industrie-, Handels- und Kulturnationen nicht zu verantworten sei.

Für die Jugendarbeit ist dies daher Herausforderung und Chance zugleich:

- sie müsse in ihrer Ausgestaltung von dem Fakt der Querschnittstechnologie ausgehen
- diese böte dann aber auch die Chance, die verschiedenen Säulen der Jugendarbeit wieder zusammenzubringen.

Kurz: die Informations- und Kommunikations-Technologie und v.a. der Computer haben als unhinterfragbarer Ansatzpunkt für die Jugendarbeit und zugleich als ihr entscheidender Integrationsfaktor zu gelten.
Diese Argumentation soll in folgendem diskutiert werden.

Der Computer als Grundlage der Jugendarbeit?

Der Bezug auf die gesellschaftliche und ökonomische Entwicklung zur Begründung pädagogischer Ansätze ist nicht neu.
An zwei bemerkenswerten Etappen aus der Geschichte der Schulpädagogik sei hier kurz erinnert[5]:
In der preußischen Schulreform nach 1870 spielte die internationale ökonomische Bedeutung des kaiserlichen Deutschlands eine entscheidende Rolle. Die bisherige Pauk- und Drillschule und ihre Orientierung auf die alten Sprachen schien der weiteren Entwicklung des Gemeinwesens und dessen internationaler Konkurrenzfähigkeit hinderlich zu sein. Es entstanden in dieser Situation u.a. Realgymnasien und Oberrealschulen als Alternativen zum klassischen humanistischen Gymansium mit voller Abiturbefähigung.
Interessanterweise kam in der Folgezeit der größte Teil der recht zahlreichen deutschen Nobelpreisträger jedoch nicht aus diesen naturwissenschaftlichen oder technischen Kaderschmieden, sondern aus den humanistischen Gymnasien.

Noch näher an die oben vorgetragene Argumentation kommt die Diskussion, die mit der 1968 durchgeführten Reform des Mathematikunterrichts stattfand. Auch da gab es OECD-Studien mit dramatischen Appellen, endlich "New Math" in deutschen Schulen einzuführen, wenn die internationale Konkurrenzfähigkeit nicht Schaden erleiden sollte.

Die Folge war eine Reform, die eine Fülle frustrierter Lehrer, unzufriedener Kinder und eine große Zahl (wegen der dilettantischen Inhalte) stöhnender Mathematiker schuf. Zufrieden war nur die Lehrmittelindustrie, und dies um so mehr, als nach der mißlungenen und überflüssigen "Reform" ein neuerlicher Übergang zum bewährten alten Stoff stattfand.

Diese beiden Beispiele zeigen, daß eine gewisse Nüchternheit und Reserviertheit gerade bei Argumentationen so schlecht nicht ist, die auf angeblich dringliche gesellschaftlich-ökonomische Erfordernisse hinweisen. Derart eingestellt - also ohne die Panik, etwa für die Gesellschaft existentiell Bedeutsames zu vernachlässigen - läßt sich die oben vorgetragene Argumentation mit etwas mehr Ruhe diskutieren.

Zunächst einmal die These von der Querschnittstechnologie. Natürlich werden immer weitere Bereiche unserer Gesellschaft vom Computer erobert. Keine Einstellung eines Fernsehgerätes, Fotoapparates oder Videorekorders, keine Fahrkarte am Bahnhofsautomaten, keine Bedienung einer etwas anspruchsvolleren Schreibmaschine erfolgt heute ohne "Programmierung".

Also stimmt die These von der Dringlichkeit doch?

Ich denke, nein. Denn in demselben Umfang, wie Computer und Programmierung Einzug in den Alltag halten, gewöhnt man sich an ihre Bedienung. Ihrem schleichenden Siegeszug steht eine fortlaufende Gewöhnung und Routine der Nutzer gegenüber. Zudem gibt es in einzelnen Arbeitsbereichen inzwischen Ernüchterungen: dort, wo man vor einigen Jahren große, vernetzte Anlagen mit vielen Einsatzmöglichkeiten einsetzen wollte, will man inzwischen oft nur noch einzelne PCs mit abgrenzbaren Spezialaufgaben.

Ich sehe hier also weiteren Anlaß zur Ernüchterung.

Doch das entscheidende Argument, sich auf eine gesellschaftlich-ökonomische Fundierung von Jugendarbeit, wie sie hier skizziert wurde, nicht einzulassen, ist eine grundsätzliche Erwägung darüber, was Pädagogik, was speziell Jugendarbeit und was insbesondere Jugend*kultur*arbeit zu leisten hat.

Pädagogik hat es in meinem Verständnis mit der Unterstützung von Entwicklungsprozessen zu tun. Natürlich geht es bei diesen Entwicklungsprozessen um die Entwicklung von Individuen in einer gesellschaftlichen Umgebung. Die gesellschaftliche Umgebung stellt den Rahmen für die Entwicklung dar, der innerhalb der pädagogischen Unterstützung zwar mitberücksichtigt, aber auch mit bewußt gemacht werden muß - auch als grundsätzlich zu verändernder.

Der Pädagoge muß bei seiner unterstützenden Arbeit Entwicklungsmöglichkeiten und Entwicklungsbehinderungen analysieren. Schon alleine deshalb darf eine bestimmte gesellschaftliche Erscheinung nicht unhinterfragbarer Ausgangspunkt für sein Tätigwerden sein. Sie darf dies umso weniger, je dringlicher deren Relevanz für die Entwicklung *der* Gesellschaft gesehen wird. Zu oft - und dies kennen wir gerade aus unserer Geschichte - wurde ein gesellschaftliches, überindividuelles Abstraktum (z.B. das Volks- oder Gemeinwohl) zugezogen, um gegen die Interessen des Einzelnen zu verstoßen.

Gerade die Informations- und Kommunikationstechnologie eignet sich meines Erachtens nun besonders wenig dazu, als unhintergeh- und unhinterfragbarer Ausgangspunkt gerade für die außerschulische Jugendarbeit zu dienen, da sie eine Herausforderung und Aufgabe für unsere Gesellschaft darstellt, und zwar keine, für die unreflektiert Übungsprogramme trainiert werden sollten.

Zwar gehört es sicherlich zu dem Aufgabenkatalog der Jugendabeit, bestimmten Gruppen Jugendlicher kompensatorische Hilfen zum Ausgleich früherer Bildungsdefizite zu vermitteln. Doch ist dies immer vor dem Hintergrund zu betrachten, daß Jugendarbeit generell nicht zum globalen Defizitausgleich taugt. Dies kann schon deshalb nicht funktionieren, als die ihr zur Verfügung stehenden Mittel nicht ausreichen, um das zu leisten, was die doch sehr viel besser ausgestatteten Gesellschaftsbereiche Bildungswesen oder die Wirtschaft (für das Ausbildungs- und Arbeitsplatzproblem) versäumen.

Eine zu starke Konzentration auf bloße Kompensation weist zudem der Jugendarbeit von vornherein eine bloß reagierende und defensive Aufgabe zu, nämlich jeweils akut werdenden, in anderen Gesellschaftsbereichen produzierten Defiziten hinterher zu eilen.

Dagegen ist grundsätzlich auf einer eigenständigen Aufgabe, einem eigenständigen Erziehungs- und Unterstützungsauftrag der Jugendarbeit zu bestehen, der natürlich entsprechend der Pluralität der Träger und deren Aufgaben und Zielstellungen unterschiedlich zu erfüllen ist.

Zu dieser zu bewältigenden Aufgabe gehören auch die Informations- und Kommunikationstechnologien, wobei sich hier für die Jugendarbeit die Frage stellt nach der sozialisierenden Wirkung dieser Technologien, nach den für einen kompetenten Umgang notwendigen Kompetenzen, nach instrumentellen Kenntnissen, die zu ihrer Beherrschung notwendig sind. Es stellt sich aber auch die Frage nach der Auswirkung auf die Gesellschaft, nach den Gründen, die zur Ausbreitung dieser Technologie führen und nach den sozialen Folgen. Nötig ist also nicht nur instrumentelles, sondern ganz entscheidend reflexives Wissen, wenn wir das klassische Ziel des mündigen Bürgers noch ernst nehmen.

Diese letztgenannte Aufgabe stellt sich insbesondere der Jugendkultur arbeit. Jugend*kultur*arbeit geht - wiederum entsprechend der Pluralität ihrer Träger - nie von einem wertfreien Kulturbegriff aus. Vielmehr liegt ihr ein normativer und engagierter Kulturbegriff zugrunde, der stets ein humanistisches Anliegen verfolgt, der sich stets an der Realisierung menschenwürdiger Verhältnisse orientiert. "Kultur" hat in diesem Zusammenhang auch die Bedeutung eines gesellschaftlichen Gewissens, eines Prüfstandes für gesellschaftliche Entwicklungen.

Gerade Entwicklungen im Bereich der Informations- und Kommunikationstechnologien müssen sich sehr kritisch fragen lassen, ob und inwieweit mit ihrem Einsatz eine Verbesserung unserer gesellschaftlichen Verhältnisse hin zu mehr Menschlichkeit erreicht wird.

Diese zwar nicht ablehnende, wohl aber abwägende und skeptische Einstellung[6] gegenüber den immer neuen Zumutungen an das Individuum macht in meinem Verständnis von Pädagogik das pädagogische Ethos aus, das erst das Recht gibt, in die Entwicklungsprozesse anderer (auch unterstützend) einzugreifen.

Wenn also die These von der Allgegenwart des Computers stimmt, dann ist es zwar nötig, diesen bedienen zu können. Es ist jedoch noch sehr viel mehr nötig, dies in einer Weise zu vermitteln, die ihn nicht als natur gegebene und unhinterfragbare gesellschaftliche Erscheinung darstellt.

Anmerkungen

1. Paragraph 1.1 des Jugendwohlfahrtsgesetzes

2. Vgl. etwa F. Vahsen: Einführung in die Sozialpädagogik. Stuttgart usw. 1975

3. Vgl. M. Fuchs: Didaktische Prinzipien-Geschichte und Logik. Köln 1984

4. Siehe hierzu die in der Zeitschrift "Mensch und Computer" 1/88 vorgetragenen Argumentationen.

5. Zu beiden Etappen siehe das in Anmerkung 3 genannte Buch.

6. Natürlich ist hier eine Skepsis und Kritik gemeint, die über das, was sie kritisiert, auch informiert ist. Die Akademie Remscheid, die auch ein bundeszentrales Institut für Medienerziehung ist und die eine ganze Reihe von Fortbildungen mit und am Computer anbietet, hat keine grundsätzlich negative oder kulturpessimistische Einstellung gegenüber den neuen Medien. Allerdings bedeutet das Arbeitsgebiet der kulturellen Bildung auch eine Verpflichtung.

3.
Kulturmanagement

3.1
"KULTUR IST SCHÖN, MACHT ABER VIEL ARBEIT"
(Sozio-)kulturelles Management als Beruf?

So ähnlich wie im vorangestellten Motto hat es Karl Valentin einmal in Bezug auf Kunst formuliert. Nun ist Kultur-Arbeit, also etwa die Arbeit in einem künstlerischen Bereich, für viele durchaus etwas Schönes, etwas, das man gelernt hat oder noch lernen will. Denn Kunst ist natürlich eine hervorragende Möglichkeit, etwas auszudrücken, was einen bewegt. Man kann gestalten, Material oder Prozesse nach seinen Wünschen und Vorstellungen formen und diese dadurch anderen mitteilen. Diese Arbeit mit der Kultur ist es nicht, über die hier geschrieben werden soll.[1] Denn auch solche erfreulichen Beschäftigungen finden nur dann statt, wenn das nötige Geld da ist, um die Künstler und Pädagogen zu bezahlen; wenn es Einrichtungen gibt mit einer entsprechenden Ausstattung; wenn notwendige Materialien vorhanden sind. Kurz: Kultur mag es für die meisten von uns immer noch mit dem Wahren, Schönen und Guten zu tun haben.[2]

Nur: Wahr ist auch, daß sie Geld kostet, und das ist gar nicht mehr schön. Gut ist es daher, daß es Geld gibt und Personen, die sich um dessen Bereitstellung und Verwendung kümmern.

Kultur hat es eben auch mit den profanen und lästigen Dingen des Lebens zu tun. Und in dem gleichen Umfang, in dem die öffentlichen Mittel für Kultur (und Jugend) gestrichen werden, ist es daher nötig, im Interesse der Erhaltung des kulturellen und kulturpädagogischen Angebotes dafür zu sorgen, aus Vorhandenem mehr zu machen bzw. das freiwillig Zugestandene an Mitteln zu mehren. Gefragt sind daher plötzlich im weiten Feld der Kulturarbeit Verwaltungskenntnisse, Organisationskompetenzen, Aquisitionsfähigkeiten, kurz: man braucht Kulturmanagement.[3]

Nun steht das schlimme Wort im Raum: Kultur*management*. Sofort assoziiert man damit Kosten-Nutzen-Analysen, Refa, funktionales Denken, Effektivität, also alles Werte und Begriffe, die ohnehin unser alltägliches Leben prägen und gegen die unsere kulturelle Praxis ein Gegengewicht bilden soll.

In der Tat ist dies ein Kardinalproblem: ein kulturfreundliches, ein kulturangemessenes Management zu entwickeln, das die kulturellen und pädagogischen Inhalte und Ziele nicht erschlägt oder dominiert, sondern das - diesen dienend - die Grundlagen, Voraussetzungen und Bedingungen für ihre Realisierung schafft.

Wir haben es daher mit den folgenden Fragen zu tun:

1. Kann es ein kulturfreundliches Management überhaupt geben?

2. Wer soll es betreiben?

3. Könnte es sich vielleicht sogar um ein neues Berufsbild, um einen neuen Beruf im Bereich der soziokulturellen Bildungsarbeit handeln?

Ich gehe davon aus, daß wir in der kulturellen Bildungsarbeit nicht um eine Thematisierung von Managementfragen herumkommen. Wir müssen uns heute mehr denn je fragen, wie sich die Künstlerinitiativen, die Jugendkunstschulen, die freien Theatergruppen, die Fachorganisationen und Verbände finanzieren. Erkundungen haben gezeigt, daß es so hoffnungslos nicht ist, für den Bereich der kulturellen Bildung neue Finanzierungsmöglichkeiten zu erschließen.[4] Nur sind diese Quellen verborgener und erschließen sich nur dem, der professionell die Schleichwege durch des Gestrüpp der Richtlinien und Gesetze kennt.

Wir wissen auch, daß es den Typus "kulturfreundlicher Manager" in unserem Arbeitsbereich schon gibt. Wir wissen ferner, daß der Bedarf an den entsprechenden Kompetenzen groß ist.[5] Das Institut für Bildung und Kultur und die Akademie Remscheid haben daher in Verbindung mit dem Arbeitsamt eine einjährige Fortbildungsmaßnahme konzipiert[6], die für eine (Management-)Mitarbeit in kulturpädagogischen Einrichtungen qualifizieren soll. Erfahrungen in einzelnen Arbeitsbereichen eines solchen "Managers", wie etwa in der Öffentlichkeitsarbeit oder der

Projektleitung konnten wir in entsprechenden Fortbildungskursen seit Jahren sammeln und weitergeben.[7]

Das entscheidende Problem für Interessenten an einer solchen Tätigkeit besteht jedoch darin, daß es - wie generell im Jugendkulturbereich - keine Planstellen gibt. Noch ist dies daher das Feld für Pioniere, die sich ihren Arbeitsplatz erkämpfen wollen. Die Akademie Remscheid und das Institut für Bildung und Kultur leisten hier insofern Entwicklungshilfe, als sie als Forum für einen notwendigen Informationsaustausch zur Verfügung stehen. Diese Rolle können wir auch gar nicht ablehnen, da wir ohnehin ständig Anfragen bekommen, die neben inhaltlichen Problemen Fragen der Organisation, Verwaltung und Finanzierung betreffen. So viele Fragen übrigens, daß unsere Beratungs-Kapazitäten längst erschöpft sind. Daher haben wir das Konzept für die Einrichtung eines Beratungsbüros entwickelt[8], in dem kompetente Kenner der praktischen Arbeit und ihrer Probleme, sowie der vielfältigen Finanzierungsmöglichkeiten professionell Ratsuchenden helfen können. Diese Idee einer professionellen Unternehmensberatung in der kulturpädagogischen Praxis war offenbar ungewöhnlich genug, um bei vielen Aktivisten und Institutionen Irritation und Diskussion auszulösen. Man tut sich halt recht schwer mit der materiellen Basis der Kultur.

Doch kommt inzwischen Bewegung in die Angelegenheit: So hat das Bundesministerium für Bildung und Wissenschaft das Bonner "Zentrum für Kulturforschung" beauftragt, im Rahmen des Forschungsprojektes "Qualifikationsverbund Kultur" eine Bestandsaufnahme über nationale und internationale Qualifikationsmodelle für das Arbeitsfeld Kulturmanagement durchzuführen[9]. Möglicherweise wird es um auf unser Eingangs motto zurückzukommen bald eine Berufsgruppe geben, die sich darüber freut, daß Kultur so viel Arbeit macht.

1) Was in diesem Bereich alles möglich ist, kann man etwa im gerade erschienenen Jahresprogramm '89 der Akademie Remscheid nachlesen (wird auf Anforderung zugeschickt).

2) Aller Diskussion um die Ausweitung des Kulturbegriffs zum Trotz.

3) Im Sozialbereich ist dies natürlich nicht neu. Man denke nur an die Aktivitäten zum Sozialmanagement, z.B. in der Diakonischen Akademie in Stuttgart. Dies belegt, daß im (Jugend-) Kulturbereich erst noch der Kenntnis- und Professionalitätsstand erreicht werden muß, wie er im Sozialen schon vorhanden ist.

4) Eine Pioniertat war sicherlich die Fachtagung "Verwaltung, Finanzierung, Organisation in der Kulturarbeit" im Juni 1987, deren Dokumentation im Institut für Bildung und Kultur an der Akademie Remscheid erhältlich ist und in der hier angesprochene Fragen explorativ mit Fachleuten aus der Praxis sowie aus der Wirtschafts- und Kulturverwaltung erkundet worden sind.

5) Wir können dies an der Zahl der Anfragen nach entsprechenden Fortbildungsangeboten, aber auch an bei Beratungsgesprächen erkennbaren Defiziten ablesen.

6) Informationen sind bei dem obenerwähnten Institut für Bildung und Kultur an der Akademie Remscheid erhältlich.

7) Die Akademie Remscheid hat eine Dozentur, die u.a. den Schwerpunkt "Öffentlichkeitsarbeit" (für non-profit-Unternehmen) hat.

8) Das Konzept trägt den Titel "Kultur-Consult" und ist bei der Akademie Remscheid erhältlich.

9) Ein erstes Zwischenergebnis ("Kulturadministration - Arts Management") ist beim Bundesministerium für Bildung und Wissenschaft erhältlich.

3.2
KONZEPTE KULTURELLER ARBEIT IN AUSBILDUNG, WEITERBILDUNG UND PRAXIS

Zur Verabschiedung von Prof. W. Breuer aus dem Dienst der Fachhochschule Köln

Vorbemerkung

Der Anlaß für unser Zusammenkommen hier ist die Verabschiedung von Professor Wolfgang Breuer aus dem Dienst der Fachhochschule Köln.

Es ist jedoch nicht meine Aufgabe, das berufliche Wirken von Herrn Breuer in dieser Hochschule zu würdigen. Das kann aus verschiedenen Gründen *nicht* meine Aufgabe sein, und indem ich diese Gründe erläutere, nähere ich mich meiner tatsächlichen Aufgabe, nämlich ein *fachliches* Referat zu halten, das sich mit der beruflichen Praxis der Kulturarbeit und den sich daraus ergebenden Anforderungen für die Aus-und Weiterbildung beschäftigt.

Der Grund dafür, daß "Würdigung" nicht meine Aufgabe ist, besteht schlicht und einfach darin, daß ich nicht Mitglied dieser Hochschule und von daher auch nicht autorisiert bin, etwas zu Wolfgang Breuers beruflichem Wirken zu sagen.

Ich bin vielmehr Direktor der Akademie Remscheid für musische Bildung und Medienerziehung und habe es von daher mit einem *ehrenamtlich* arbeitenden Wolfgang Breuer zu tun, der seit Jahren Vorsitzender unseres Trägervereins ist.

Aus diesem Grund besteht für mich überhaupt kein Anlaß zur Trauer, sondern ganz im Gegenteil zur Freude, weil ich mir von dem Ende des beruflichen Wirkens ganz eigennützig eine deutliche Verstärkung der ehrenamtlichen Tätigkeit von Herrn Breuer bei uns verspreche.

Das Problem, daß Herr Breuer nun über große freie zeitliche Kapazitäten verfügen kann, wird sich, wenn es nach unseren Wünschen geht, nicht stellen.

Ich darf nun zu meinem Thema kommen.
Als Leiter einer Einrichtung, die es mit kultureller Bildung zu tun hat, wäre es ganz natürlich, hier etwas über die bildende Kraft der Künste zu sagen.

Die Akademie Remscheid ist das bundeszentrale Fortbildungsinstitut für kulturelle Jugendbildung. Fast 10.000 Menschen kommen jährlich zu uns, um in Fachtagungen und Werkstattwochen, vor allem aber um in langfristigen und qualifizierenden berufsbegleitenden Fortbildungen in allen künstlerischen Bereichen, in der Pädagogik der Massenmedien, im Bereich der Spielpädagogik und der Sozialpsychologie und Beratung fachliche und pädagogische Kompetenzen zu erwerben, die sie in ihrer täglichen Arbeit mit Jugendlichen und auch in ihrer eigenen Fortbildungsarbeit mit anderen Mitarbeitern der außerschulischen Jugendbildung benötigen. Wir arbeiten mit 10 hauptamtlichen Dozenten und zahlreichen Gastdozenten und dürften in den 30 Jahren unseres Bestehens einige Hunderttausend Mitarbeiter von Kommunen und Kirchen, von Verbänden und Initiativen qualifiziert haben. Aus diesem Grund wäre es ein leichtes, Grundsätzliches über kulturelle Jugendbildung, über persönlichkeitsentwickelnde Potenzen einer aktiven Beschäftigung mit den Künsten zu formulieren. Dies böte sich auch deshalb an, weil Herr Prof. Breuer selber Musiker ist und die pädagogische Vermittlung dieser bildenden Kraft zu seiner beruflichen Aufgabe gemacht hat. Dies werde ich jedoch nicht tun. Ich werde Ihnen vielmehr einen kleinen Blick in unsere Planungswerkstatt ermöglichen und Ihnen von unseren Überlegungen zu der Gestaltung unseres Fortbildungsprogramms berichten in der Annahme, daß dies auch für Sie, die Sie sich ja auch mit solchen Fragen beschäftigen müssen, von Interesse sein könnte.

Probleme der kulturpädagogischen Fortbildung

Im Vergleich zu einer Ausbildungsstätte hat es eine Fortbildungsstätte wie die Akademie Remscheid schwerer und leichter zugleich.

Wir haben es schwerer, weil wir unsere Teilnehmer nicht mit irgendwelchen staatlich anerkannten Zertifikaten ausstatten können. Wir haben es schwerer, weil der Besuch unserer Fortbildungsangebote vollkommen freiwillig ist.

Wir müssen daher mit unserem Angebot und dessen Relevanz für die berufliche Praxis unserer Teilnehmer werben, und wir bekommen sofort die Quittung für eine schlechte Bewertung unseres Angebotes durch die Teilnehmer einfach dadurch, daß sie nicht mehr zu uns kommen. Ich verrate hier sicherlich kein Geheimnis, wenn ich Ihnen mitteile, daß auch der Fortbildungsbereich ein *Markt* ist mit all den Kriterien, die für Märkte gelten: Konkurrenz, Wettbewerb über Leistung, Wettbewerb über Preise, ein Zusammenspiel von Nachfrage und Angebot. Dies so klar auszusprechen und mit den richtigen, nämlich wirtschaftswissenschaftlichen Kategorien zu benennen, ist im Sozial- und Kulturbereich keineswegs selbstverständlich. Zu sehr assoziiert man aller Diskussionen zum Trotz um eine Ausweitung des Kulturbegriffs weit über den traditionellen Kunstbegriff hinaus mit Kultur immer noch eher das *Wahre* und *Schöne* und *Gute* - und solch profane Dinge wie Markt und Wettbewerb, wie Preise und Auslastung des Hauses wollen hierzu so gar nicht passen.

In dieser Notwendigkeit, Marktgesetze beachten zu müssen, liegt nun aber gerade auch ein Vorteil einer Fortbildungseinrichtung: Sie kann die an Belegungszahlen ablesbare Akzeptanz und damit auch die Relevanz ihres Angebotes sofort umsetzen, sie kann reagieren mit einer Änderung ihres Angebotes, sie kann flexibel auf Anforderungen aus der Praxis reagieren.

Ich möchte an dieser Stelle wiederum nicht auf die künstlerisch-pädagogischen Inhalte eingehen, die wir in unserem Angebot vermitteln, sondern auf eine Tendenz, die in der Jugend- und Kulturarbeit neu zu sein scheint, die - das will ich nicht verschweigen - z.T. äußerst umstritten ist, die zu berücksichtigen wir aber gezwungen sind: Die Thematisierung von Fragen der *Verwal-*

tung, der *Finanzierung* und *Organisation* von Kultur- und Jugendarbeit. Bei meinen Anmerkungen zur Situation einer Fortbildungseinrichtung und der Notwendigkeit, Marktgesichtspunkte zu berücksichtigen, haben Sie schon gemerkt, daß zumindest im Fortbildungsbereich der kulturellen Bildung eine solche Denkweise gar nicht so neu ist.

Sie wissen es sicherlich auch zum Teil aus Ihrer eigenen Praxis, daß Sie die Thematisierung solcher Fragen nicht länger umgehen können:

- Wenn etwa eine Jugendeinrichtung geschlossen werden soll, weil die Stadt Einsparungen vornehmen will, brauchen Sie Kenntnisse über geeignete Methoden der Öffentlichkeitsarbeit, um von der Notwendigkeit des Fortbestands zu überzeugen.
- Wenn eine Künstlerinitiative das Glück hatte, einen Zuschuß für die Durchführung eines Projektes zu bekommen, tut sie gut daran, sehr genau die Belege für den späteren Verwendungsnachweis zu sammeln, sonst war der erste Zuschuß zugleich der letzte.
- Wenn - ein äußerst aktuelles Thema - ein Haus der offenen Tür als Konsequenz aus zurückgehenden Besucherzahlen plant, ein attraktives kulturpädagogisches Angebot zu entwickeln, dann wird der Erfolg dieses Vorhabens entscheidend von der Entwicklung eines vernünftigen Konzeptes und präziser Vorstellungen über dessen Operationalisierung und Umsetzung abhängen.

Diese drei möglichen Beispiele aus der Praxis mögen zur Illustration genügen. Doch es ist nicht nur dieser vorhandene Bedarf, der uns zur Thematisierung solcher Managementfragen veranlaßt. Es gibt auch *gesamtgesellschaftliche Rahmenbedingungen*, die uns zum Handeln zwingen, und eine entscheidende Rahmenbedingung ist die Finanzentwicklung der öffentlichen Hände. Jugendarbeit hat dabei gegenüber der Kulturarbeit noch den Vorteil, über das Jugendwohlfahrts-Gesetz und die Bundes- und Landesjugendpläne eine gewisse gesetzliche Absicherung zu haben.

Der Kulturbereich dagegen ist einer der wenigen verbliebenen Bereiche in unserer Gesellschaft, die "freiwillige Selbstverwaltungsaufgabe" - so heißt es - der Kommunen sind. Die Kommunen wachen auch tatsächlich sehr aufmerksam darüber, daß sich Land und Bund nicht in den Kulturbereich einmischen. Allerdings bedeutet das Wort "freiwillig" zur Zeit, daß Kulturausgaben in Kommunen ständig zur Disposition des Stadt-Kämmerers stehen.

Es ist also nicht sonderlich gut bestellt um die Jugend-Kulturarbeit. In dieser Situation müssen wir also die folgende Gratwanderung vollziehen: einerseits unseren Bestand sichern und mit vorhandenen Mitteln mehr zu machen, sie also optimal zu nutzen; aber andererseits die öffentliche Hand nicht aus der Verantwortung für den Jugend- und Kulturbereich zu lassen. Denn dies ist auch klar: auch wenn wir noch so gut wirtschaften, auch wenn wir gelernt haben, optimal zu organisieren, auch wenn es uns gelingt, neue Mittel bei ganz anderen Geldgebern zu requirieren: "rentieren" im Sinne einer Gewinnorientierung kann sich Jugend- und Kulturarbeit nie.

Wir haben daher in der Akademie Remscheid angefangen, darüber nachzudenken, wie *kulturfreundliches* Management aussehen könnte, Management also, das stets eine große Zurückhaltung gegenüber den künstlerischen und pädagogischen Inhalten wahrt.

Welche Erfahrungen haben wir bislang mit diesem Arbeitsbereich gemacht?

1. Wir können einen eklatanten Widerspruch feststellen zwischen einem objektiv vorhandenen Bedarf in der Praxis der Jugendkulturarbeit und dem Bestreben, diesen Bedarf nicht zugeben zu wollen. Dies hängt sicherlich mit der Befürchtung zusammen, mit der Übernahme gewisser marktwirtschaftlicher Denkweisen würden sofort die ursprünglichen pädagogischen und kulturellen Ziele und Inhalte gefährdet.

2. Wir können feststellen, welche große Herausforderung dieser Bereich des Management für die Identität der darin agierenden Personen ist. Denn gefordert wird eine spezifische Profes-

sionalität, die in der Lage ist, den ihr möglichen Einfluß auf die Arbeit der Einrichtung im entscheidenden Augenblick wieder zu reduzieren: Hierzu ist ein großes Maß an Altruismus erforderlich.

3. Wir können daher feststellen, daß die Forderung nach einem kulturfreundlichen Management unglaublich hoch ist. Denn dieser Personentyp muß in der Lage sein, eine Brückenfunktion oder Vermittlerrolle zwischen Finanz- und Verwaltungsebene einerseits und der inhaltlichen pädagogisch-künstlerischen Arbeit andererseits zu übernehmen. Vermitteln, also in der Mitte zwischen zwei Polaritäten zu stehen, kann jedoch nur jemand, der zu jeder der beiden Positionen eine gewisse Affinität hat.

Welche Personen finden wir heute in diesem Bereich, welche Kompetenzen und Qualifikationen bringen sie mit?

Ich kenne in diesem Tätigkeitsfeld einige Diplomkaufleute und Betriebswirte, die ursprünglich in der pädagogisch-künstlerischen Arbeit mitgewirkt haben, die jedoch zunehmend in der innerbetrieblichen Arbeitsteilung den Managementpart übernommen haben und sich darin wohlfühlen.

Es gibt jedoch - gerade in Künstlerinitiativen oder in kulturpädagogischen Einrichtungen - eine große Zahl von Sozialpädagogen, die diese Aufgaben übernehmen.

In der Akademie Remscheid bilden wir übrigens seit Jahren in Fortbildungskursen, die früher "Sozialkulturelle Animation und Beratung" hießen und die heute unter der Bezeichnung "Projektleitung und -beratung" laufen, Sozialpädagogen und Künstler für eine derartige Tätigkeit fort.

Wir stellen dabei fest, daß die Sozialpädagogen viele gute Voraussetzungen für ein *kulturfreundliches* Management mitbringen. Damit meine ich vor allem ihre sozialen und kommunikativen Kompetenzen, ihre Fähigkeiten, auf andere Menschen einzugehen.

Sie bringen leider nur selten in Ausbildungsstätten erworbene Kenntnisse in Organisations-, Verwaltungs- und Finazierungsfragen von kulturpädagogischen Einrichtungen mit. Es fehlen nahezu vollständig Kenntnisse, die man "instrumentelle Kenntnisse" nennen könnte und die sich auf die Existenz von verschiedenen Förderungsmöglichkeiten, auf die Antragsverfahren bei Kommunen, Land oder Bund oder auf das Verfahren bei der Beantragung von ABM-Stellen beziehen.

Es gibt inzwischen viele vermittelbare Erfahrungen bei der Analyse von Institutionen, bei der Erstellung von Organisationsplänen, bei der Buchhaltung in sozialen und kulturpädagogischen Einrichtungen. Wir haben daher in der Akademie Remscheid zusammen mit dem bei uns ansässigen Institut für Bildung und Kultur eine einjährige, vom Arbeitsamt finanzierte Fortbildungsmaßnahme für arbeitslose Künstler und Pädagogen entwickelt, die sich inzwischen in ihrer zweiten Hälfte befindet.

Wir haben dies auf Wunsch des Arbeitsamtes getan, da dies nicht bloß die üblichen Fortbildungen im EDV-Bereich anbieten wollte.

Wir hatten allerdings sehr große Bedenken bei der Entwicklung dieses Konzeptes, da wir nicht sicher waren, ob eine solche Maßnahme unserem Standard entspricht, den wir heute mit einem *übergreifenden Fortbildungsbegriff* erfassen wollen. Wir verstehen darunter eine Art Selbstverpflichtung, bei der Entwicklung unserer Angebote uns nicht mehr zufrieden geben zu wollen mit fachlich soliden Curricula, sondern auch arbeitsmarktpolitische Aspekte mitzubedenken. Wir fragen uns, ob unsere Fortbildungen die Hoffnungen unserer Teilnehmer auch erfüllen können, bei der entscheidenden Frage nach dem Arbeitsplatz einen Beitrag leisten zu können. Aus- und Fortbildung muß heute zunehmend auch unter ethischen Gesichtspunkten gesehen werden, unter Kriterien der Verantwortung und Seriosität. Gerade der staatlich wenig geregelte Weiterbildungsmarkt ist zum Teil ein Tummelplatz unseriöser Anbieter geworden, die sich an eine der gerade in Mode befindlichen Wellen oder Trends anschließen und die sich einen eigenen Arbeitsplatz dadurch schaffen wollen, daß sie anderen arbeitsmarktrelevante Versprechungen machen.

Vor diesem Hintergrund haben wir sehr sorgfältig die Frage geprüft, ob eine derart experimentelle Fortbildungsmaßnahme zu verantworten wäre. Wir haben sie dann doch begonnen und dabei von Anfang an offen gesagt, daß keinerlei Arbeitsplatz nach Abschluß dieser Fortbildung garantiert werden könne. Es haben sich trotz dieser Negativwerbung 300 Interessenten gemeldet, von denen 30 Personen, vorwiegend Lehrer mit einem künstlerischen Hauptfach, mit der Fortbildung begonnen haben. Wir haben uns natürlich nicht damit begnügt, bloß zu warnen, sondern haben vielmehr Praktikumsplätze so sorgfältig ausgewählt, daß zumindest eine gute Chance für eine Weiterbeschäftigung bestand. Manche dieser Ausgangschancen haben sich inzwischen verdichtet, andere zerschlagen. Es kam entscheidend darauf an, mit welchem Elan die betreffende Person ihre Aufgabe angegangen ist.

Zur Zeit - und dies wird sie interessieren - kann man daher von einem *Bedarf an Managementfähigkeiten* in der Praxis sprechen: von einem festen Berufsbild und einem faßbaren Arbeitsmarkt kann jedoch noch lange nicht die Rede sein.

Um jedoch den Prozeß der gesellschaftlichen Bewußtseinsbildung zu beschleunigen, habe ich das Konzept einer "Unternehmensberatung" im Jugendkulturbereich entwickelt, also eine Art wandernder professioneller Unternehmensberater, die vor Ort Jugend-Kultureinrichtungen vor allem im kaufmännischen Bereich beraten. Parallel dazu - so stelle ich es mir vor - könnten Mitarbeiter dieser Einrichtungen an entsprechenden Fortbildungen bei uns teilnehmen. Dies ist jedoch zunächst Zukunftsmusik. Zur Zeit gehen erst einmal die Wogen hoch: Welche Besitzstände werden durch dieses Konzept gefährdet? Was wird angetastet, was man besser in Ruhe lassen würde? Wer hat "Claims", die verteidigt werden müssen? Darf man überhaupt ein Konzept veröffentlichen, das mit einer Beschreibung einer Defizitsituation ansetzt?

All dies bewegt zur Zeit die Gemüter in politischen und fachlichen Gremien. Ich hoffe, daß diese Bewegung dauerhaft ist in dem Sinne, daß Positionen überdacht und vielleicht verändert werden.

Ich möchte diesen Einblick in die Planungsüberlegungen einer Fortbildungseinrichtung abschließen mit einer allgemeinen pädagogisch-psychologischen Überlegung.

Pädagogik hat es immer dann schwer, wenn sie es nicht mit faßbaren und konkreten Inhalten zu tun hat. In der schulpädagogischen Diskussion in den siebziger Jahren spielte daher die Kontroverse eine wichtige Rolle, was in pädagogischen Prozessen den Primat haben sollte: die Ebene der Beziehungen oder die der Inhalte. Ich hielt schon damals die Position für richtig, die den *Primat der Inhalte* behauptete. Heute stelle ich fest, daß meine berufliche Existenz auf der Richtigkeit dieser These basiert: Die Akademie Remscheid vermittelt für pädagogische und soziale Berufe kulturelle und künstlerische *Inhalte* - und der Bedarf ist groß.

Auch die Inhalte, die Gegenstand meiner Ausführungen waren, finden zunehmend Zuspruch unserer Teilnehmer. Ich könnte mir vorstellen, daß sie auch für Sie als Ausbildungseinrichtung von Interesse sind.

3.3
ZUR SITUATION DER AUS- UND FORTBILDUNG IN KULTURMANAGEMENT IN DER BUNDESREPUBLIK DEUTSCHLAND

Zur allgemeinen Situation

"Es ist nur schwer auszumachen, ob der schon über Jahrzehnte anhaltende materielle Wohlstand der Bundesrepublik Deutschland oder die tiefverwurzelte Auffassung, Kunst und Kultur hätten mit Geld oder Administration nichts zu tun, die entscheidenden Gründe dafür sind, daß Fragen des Managements im Kultur- und Medienbereich bislang nur vereinzelt zum Gegenstand von Forschung und Lehre an bundesdeutschen Hochschulen geworden sind." Dies schreibt der Bundesminister für Bildung und Wissenschaft in seinem Vorwort zur internationalen Auswahlbibliographie zum Thema "Kulturadministration Arts Management", die das "Zentrum für Kulturforschung" im Jahre 1987 vorgelegt hat.

Beidem, der Situationsbeschreibung und der Ursachenvermutung des Ministers, kann ich nur zustimmen. Noch vor fünf Jahren wäre die heute bei uns zu findende verbreitete Verwendung des Begriffs "Kulturmanagement" undenkbar gewesen. Es muß also etwas geschehen sein, wenn man diese Begriffe heute ungeniert verwendet, wenn es in unglaublicher Dichte ständig neue Symposien und Fachtagungen gibt, in denen wirtschaftliche Aspekte von Kultur - einschließlich ihrer finanziellen und materiellen Basis, einschließlich ihrer organisatorischen und juristischen Grundlagen - thematisiert werden. Kultur hat zur Zeit Konjunktur, und mit ihr die Frage nach dem geeigneten Management.

Ziemlich plötzlich ist bewußt geworden, wie eng die Verknüpfungen von Kultur und Wirtschaft sind:

- im Medien- und Pressebereich mit den großen Film- und Medienkonzernen mit ihrer Buch-, Film- und Zeitungsproduktion,
- die großen Rundfunk- und Fernsehanstalten mit enormen Haushalten und anspruchsvollen Managementaufgaben,
- die großen und kleinen Opernhäuser und Theater, die Orchester, Musikschulen und Festivals,
- die Galerien, die Graphik- und Designbüros und schließlich
- die öffentliche Kulturverwaltung mit einer enormen Zahl von organisierenden, verwaltenden und finanzierenden Mitarbeitern.

Man stellt überrascht fest, daß niemand genau weiß, was das für Menschen sind, die das breite kulturelle Angebot organisieren, die Programme zusammenstellen, die Kulturbetriebe wirtschaftlich führen (oder auch nicht), die Mittel aquirieren; kurz: die "Kultur" produzieren, auf dem Markt plazieren, die Umsätze mit Kulturprodukten machen. Man weiß nichts über ihre Anzahl, ihre Ausbildung und beruflichen Werdegang: man entdeckt ein Berufsfeld neu.

Dies war nicht nur eine neue Forschungsperspektive für Kulturforschungsinstitute, die eine gute Gelegenheit sahen, im Rahmen ihrer Politikberatung in einem neuen Forschungsfeld entscheidungsrelevante Informationen zu sammeln und aufzubereiten; es wurde zugleich im Ausbildungssektor sehr aufmerksam registriert, daß es hier neue Berufsfelder und neue Berufsgruppen zu erobern gilt, die bislang bei der Vergabe von Diplomen und bei der Entwicklung von Studiengängen offenbar übersehen worden sind: Denn in der Tat muß man feststellen, daß es trotz unseres unglaublich differenzierten Studienangebotes, daß es trotz der großen Kreativität von Hochschullehrern, immer neue Studiengänge zu entwickeln, in der gesamten BRD keinen Studiengang mit dem ausschließlichen Schwerpunkt und Inhalt "Kulturmanagement" gibt.

Dies ist daher die derzeitige Situation, die ich hier kurz beschreiben will:
- im Aufbau oder in der Erprobung befindliche Studiengänge an einigen Hochschulen,

- einzelne Fortbildungsangebote, die sich an einem Gesamtcurriculum "Kulturmanagement" orientieren,
- einzelne sparten- oder trägerspezifische Fortbildungsangebote, die ausschließlich dem Training des eigenen Nachwuchses dienen.

Bevor ich hierzu einen kurzen Überblick gebe, möchte ich zumindest eine Vermutung über die Ursache dieses neuen Interesses an Fragen des Kulturmanagements formulieren.

Aufgrund unserer Geschichte gibt es in unserem Land ein gewisses Mißtrauen gegenüber einer Zentralgewalt. Dies hat zur Folge, daß sich die Rechtsauffassung eingebürgert hat, daß der Bund nur die Kompetenzen hat, die ihm unsere Verfassung explizit zuspricht. Da dies für den Kulturbereich nicht geschehen ist, spricht man von der "Kulturhoheit der Länder". Das hat als ganz praktische Folge, daß von den etwa 8 Mrd. DM, die pro Jahr in unserer Republik von den öffentlichen Händen für Kultur ausgegeben werden, zwei Drittel von den Gemeinden getragen werden. Der Anteil des Bundes beträgt etwa 5 %, der Rest wird von den Ländern beigesteuert.

Kulturarbeit ist daher bei uns ganz wesentlich *kommunale* Kulturarbeit. Allerdings sind die Gemeinden von den negativen Seiten unserer wirtschaftlichen Entwicklung ganz entscheidend getroffen, so daß aufgrund des Wachsens der *Pflicht*aufgaben der Gemeinden - und diese reichen von der Kanalisation bis zu bestimmten Sozialleistungen - die "*freiwillige* Selbstverwaltungsaufgabe Kultur" ständig zur Disposition des Stadtkämmerers steht.

Eine Finanzkrise der Gemeinden wird daher sofort zu einer Finanzkrise des kulturellen Angebotes insgesamt.

Dies Entwicklung wird noch dadurch beschleunigt, daß eine kulturelle Versorgung der Bevölkerung fast gar nicht durch Gesetze abgesichert ist - anders als etwa der Bildungsbereich, bei dem sehr weitgehende gesetzliche Regelungen eine Mindestversorgung garantieren - übrigens ebenfalls zum großen Teil auf Kosten der Gemeinden. Diese finanzielle Notlage im kulturellen Bereich hat uns geradezu dazu gezwungen, darüber nachzudenken: Wie können wir aus den vorhandenen Mitteln mehr machen? Und wo können wir neue Finanzierungsquellen erschließen?

Dieser finanzielle Druck bringt außerdem mit sich die Notwendigkeit, die kulturellen Angebote sehr viel intensiver rechtfertigen zu müssen, als das früher notwendig war. Zunehmend macht man sich bei dieser Legitimatitonsaufgabe Methoden und Techniken zunutze, die im Bereich der Public-Relations und der Werbung entwickelt worden sind, so daß PR geradezu als Einstiegsdroge für bislang "managementresistente" Kulturanbieter gelten kann.

Eine wichtige Rolle als Kristallisationspunkt für verschiedene Interessen und Interessenten an Managementfragen spielt dabei das Bonner "Zentrum für Kulturforschung", ein privates Kulturforschungsinstitut, das seit drei Jahren im Auftrag des Bundesministeriums für Bildung und Wissenschaft das Forschungsprojekt "Qualifikationsverbund Kultur" durchführt und dessen fachlicher Beirat, dem ich auch angehöre, alle relevanten Bereiche (Aus- und Fortbildung, Künstlerverbände, staatliche Stellen, Wirtschaft, Forschung) erfaßt. Dieses Forschungsprojekt ist u.a. deshalb so wichtig, weil ein Ziel die Aufbereitung internationaler Erfahrungen für den bundesdeutschen Raum ist.

Aus- und Fortbildung in Kulturmanagement

1. Aus- und Fortbildung an Hochschulen

Es gab bislang keine Möglichkeit, in einem regulären Hochschulstudium mit einem akademischen oder staatlichen Abschluß "Kulturmanagement" zu studieren.

Seit zwei Jahren gibt es nun an der Hochschule Lüneburg, einer kleinen Stadt in der Nähe von Hamburg, die Möglichkeit, "Angewandte Kulturwissenschaften" zu studieren. Das Studium will für verschiedene Berufsfelder qualifizieren (z.B. betriebliche Sozial- und Kulturarbeit, Medien, Öffentlichkeitsarbeit, Produktmanagement). Gefordert werden je nach gewähltem Schwerpunkt u.a. betriebswirtschaftliche, sozial-, kultur- oder rechtswissenschaftliche Studienanteile. Über die Qualität der Ausbildung und die Chancen der Absolventen, einen adäquaten Arbeitsplatz zu bekommen, läßt sich noch nichts sagen, da erst in zwei Jahren mit den ersten Absolventen zu rechnen ist.

Die Hochschule Lüneburg ist zur Zeit meines Wissens die einzige Hochschule mit einem grundständigen Studium. Allerdings kann mein Wissen bereits jetzt veraltet sein, da es eine sehr dynamische Entwicklung gibt.

Ich möchte gleich einige problematisierende Bemerkungen anschließen:

Es wurde zunächst einmal skeptisch eingeschätzt, ob Grundstudien in diesem Feld sinnvoll sind. Inzwischen haben engere Kontakte zu dem Wiener Institut für kulturelles Management dazu geführt, ein grundständiges Studium als möglichen Ausbildungsweg zu akzeptieren. Allerdings wird nach wie vor eine berufsbegleitende Fortbildung für die geeignetste Form der Qualifizierung gehalten, die die betreffende Person in enger Verbindung mit der Praxis und ihren Problemen absolviert. Zur Zeit finden außerdem Überlegungen statt, inwieweit ein Verbundsystem von Präsenzveranstaltungen und Fernstudien installiert werden kann, zumal mit der (einzigen bundesweiten) Fernuniversität in Hagen eine ausgebaute Infrastruktur vorhanden ist.

Mit großer Skepsis müssen meines Erachtens jedoch Initiativen aus Universitäten betrachtet werden, bei denen nun solche Institute Studiengänge im Kulturmanagement entwickeln, die früher Kunsterzieher für Schulen ausgebildet haben. Wir haben in der BRD eine sehr hohe Arbeitslosigkeit bei ausgebildeten Lehrern, da die Bundesländer kaum Lehrer einstellen. Viele Universitäten, die bislang Lehrer ausgebildet haben, suchen daher neue Ausbildungsaufgaben und sehen eine Möglichkeit in neuen Kulturberufen (neben Kulturmanagement spielt Kulturpädagogik oder Kunsttherapie hierbei eine Rolle).

Allerdings ist zu fragen, ob die Hochschullehrer für Kunsterziehung auch die geeigneten Lehrer für die angehenden Kulturmanager sind oder ob nicht hier bei jungen Leuten Hoffnungen in berufliche Aussichten geweckt werden, die in der Praxis nicht eingelöst werden können.

Zwei weitere Initiativen finden in oder in Zusammenarbeit mit der Hamburger Hochschule für Musik und darstellende Kunst statt.

Im Rahmen der Musikerausbildung der Hamburger Musikhochschule werden Fragen des Managements als Wahlpflichtfach angeboten. Hierbei geht es darum, den angehenden Musiker in die Lage zu versetzen, sein eigenes künstlerisches Leben durch die zahlreichen juristischen und ökonomischen Fallstricke zu führen.

Dies ist deshalb besondes bemerkenswert, weil die künstlerischen Ausbildungsstätten die materiellen und finanziellen Aspekte des Künstlerdaseins für gewöhnlich umgehen.

Ein viersemestriges Weiterbilungsstudium - organisiert als Kontaktstudium - soll ab April 1989 in Zusammenarbeit mit der Hochschule für Wirtschaft und Politik stattfinden; schon alleine in der Kombination von künstlerischer und wirtschaftlich-politisch orientierter Hochschule ein interessantes Projekt. Fächer werden etwa sein: Kultursoziologische Fragestellungen und didaktische Fragen der Medien, Künste und Veranstaltungen, ökonomische Fragen des Kulturlebens und Projektmanagement.

In bezug auf Hochschulen ist noch anzumerken, daß nun auch an einzelnen wirtschaftswissenschaftlichen Lehrstühlen Examensarbeiten zu wirtschaftlichen Fragen der Kultur angefertigt werden, die jedoch noch keine Relevanz für die Aus- oder Fortbildungssituation besitzen.

Es geschieht also viel auf der Ebene des Planens. Wo es bereits eine Praxis der Aus- und Fortbildung im Hochschulbereich gibt, handelt es sich im wesentlichen um Erprobungsphasen oder Modellversuche.

2. Öffentliche Kulturverwaltung

Da - wie erwähnt - Kultur in der BRD im wesentlichen kommunale Kultur ist, spielen die kommunalen Verwaltungen in der hier interessierenden Frage eine wichtige Rolle. Dies wird noch verstärkt dadurch, daß sich eine große Zahl von Kulturinstituten in kommunaler Trägerschaft befindet und Teil der Kommunalverwaltung ist. Ich nenne hier nur die Bibliotheken, die Stadttheater und die Musikschulen.

Die Ausbildung in der kommunalen Vewaltung bietet für eine Qualifizierung ausgesprochen günstige Voraussetzungen: Es gibt für den gehobenen Dienst eine Zahl von Verwaltungsfachhochschulen und für den höheren Dienst Verwaltungshochschulen, in denen Mitarbeiter der Verwaltung aus- und fortgebildet werden. Insbesondere sind in unserem Zusammenhang die Fachhochschulen interessant, insofern die Leiter der meisten in kommunaler Trägerschaft befindlichen Kulturinstitute in diesem Besoldungsbereich eingruppiert sind.

Allerdings wird in diesen Ausbildungsstätten bislang nur eine Qualifizierung in der *allgemeinen* Verwaltung betrieben. Die kommunalen Spitzenverbände denken seit Jahren darüber nach, Formen und Möglichkeiten einer fachspezifischen Qualifizierung im Kulturbereich zu entwickeln, sind aber bislang noch nicht zu einem Ergebnis gekommen.

In diesem Zusammenhang darf ich nun über die Einrichtung berichten, die ich selbst leite. Die Akdemie Remscheid ist die bundeszentrale Fortbildungseinrichtung für kulturelle Jugendbildung. Schwerpunkt unserer Fortbildungsarbeit ist die Qualifizierung im Rahmen langfristiger, berufsbegleitender Kurse. Wir bieten jährlich ca. 60 Kurse an, die - auf unterschiedlichem Niveau - die verschiedenen Künste und ihre Vermittlung, aber auch die Organisation und die Finanzierung kultureller Angebote zum Gegenstand haben. Weit über die Hälfte unserer Teilnehmer arbeitet in kommunaler Anstellung. Da unser Haus seit 30 Jahren existiert und inzwischen ca. 200.000 Menschen unsere Angebote wahrgenommen haben, gibt es eine ganze Reihe von leitenden Mitarbeitern in den Kultur- und Jugendverwaltungen der Kommunen, die ihr Handwerkszeug auch bei uns gelernt haben.

Allerdings haben wir nicht die Aufgabe, ausschließlich für kommunale Bedürfnisse zu qualifizieren. Vielmehr kommen zu uns Mitarbeiter aus allen kulturellen und kulturpädagogischen Arbeitsfeldern, so daß wir uns auch mit den von den kommunalen Bedürfnissen unterschiedlichen Qualifikationsbedürfnissen- etwa in der freien Kulturarbeit - auseinandersetzen müssen.

Auch in diesem Bereich ist also das Fazit zu ziehen, daß es bislang keine institutionalisierte Form der Qualifizierung gibt.

Die Akademie Remscheid als traditionsreichste Einrichtung in der kulturpädagogischen Qualifizierung hatte ursprünglich die Aufgabe, im Bereich der kulturellen Inhalte und deren Vermittlung zu qualifizieren, muß sich jedoch aus Erfordernissen der Praxis zunehmend Fragen des Kulturmanagements widmen. Ich komme später darauf zurück.

3. Verbandsinterne Qualifizierung

Eine wesentliche Rolle in unserem gesamten Gemeinwesen spielen Vereine und Verbände. Im Kultur- und Sozialbereich sind sie die "freien", also nichtöffentlichen Träger von sozialen und kulturellen Angeboten und Versorgungsleistungen. Sie bilden zugleich eine wichtige Lobby im politischen Raum. Die Vereine und Verbände sind ein wichtiger Bestandteil der für die BRD typischen *dezentralen* öffentlichen Infrastruktur.

Die landes- oder bundeszentralen künstlerischen und kulturpädagogischen Dachverbände haben zugleich die Aufgabe, Fortbildungsangebote für ihre Mitglieder bereitzustellen. Am weitesten entwickelt ist auch in diesem Bereich - wie sonst auch - die Musik. Beispiele für den entwickelten Bewußtseins- und Praxisstand in diesem Bereich sind die folgenden:

- es ist eine *Musik*hochschule (nämlich Hamburg), die die am weitesten entwickelten Studienangebote in diesem Bereich macht,
- der Verband Deutscher Musikschulen, in dem über 700 Musikschulen organisiert sind, bietet in Zusammenarbeit mit einer Fortbildungsakademie im Musikbereich und der Musikhochschule Hamburg Trainingsprogramme für Musikschulleiter an.

Wir finden ähnliche Aktivitäten auch in anderen künstlerischen Bereichen, allerdings in Quantität und Qualität weit unterhalb dem Niveau im Musikbereich.

In bezug auf die Künstlerverbände darf hier die Dachorganisation aller Künstlerverbände nicht vergessen werden: der Deutsche Kulturrat. Dieser bietet zwar keine Fortbildungsveranstaltungen an, ist jedoch auch insofern für unsere Fragestellung relevant, als er mit eigenen Vorschlägen etwa zu einem kulturfreundlichen Steuerrecht oder zur Medienpolitik dazu beiträgt, die Rahmenbedingungen unseres kulturellen Lebens zu verbessern.

Es müssen hier auch die Fortbildungsaktivitäten der großen Rundfunkanstalten, in denen zum Teil große Fortbildungsabteilungen existieren, erwähnt werden.

Soziokulturelles Management

Sicherlich ist diese Übersicht nicht vollständig und kann es auch nicht sein, da der Bereich des Kulturmanagements - wie erwähnt - sehr stark in Bewegung ist. Ein wichtiges Problem ist dabei die Frage, welche Kulturangebote man im Blickfeld hat. Ich wähle hier die grobe Unterscheidung in "Hochkultur" und "Soziokultur". Es ist ein Unterschied, ob Kulturmanagement auf die Leitung großer Theater und Opernhäuser zielt, auf die Leitung großer Einrichtungen und Betriebe der Kulturindustrie, auf die Organisation großer Festivals und die Geschäftsführung von Symphonieorchestern, oder ob die kleineren Theater, die Museen, Musik- und Kunstschulen, die vielen freien Künstlerinitiativen oder die soziokulturellen Zentren gemeint sind.

Die Unterschiede bestehen in den Arbeitsinhalten, in der Anzahl der beschäftigten Personen, in der Höhe des Jahreshaushalts und natürlich in der Höhe des zu erwartenden Einkommens der Kulturmanager. Im Hinblick auf die Anzahl der beschäftigten Personen ist sicherlich das soziokulturelle Management interessanter.

Die Besonderheit dieses Arbeitsfeldes besteht jedoch nicht nur darin, daß alles einige Nummern kleiner ist als bei den kulturellen Großinstituten: wir haben es dort auch oft mit einem gesellschaftspolitisch engagierten Personenkreis zu tun, der zum Teil alternative Lebensziele realisieren möchte. Es liegt auf der Hand, daß gerade Kategorien des Managements wie Wirtschaftlichkeit, Effektivität, Funktionalität etc. in besonderem Widerspruch zu stehen scheinen mit in diesem Bereich zu findenden politischen (und kulturellen) Vorstellungen.

Insofern war es auch als Provokation gemeint, als wir für die erste abgeschlossene Fortbildung von arbeitslosen Lehrern,

Künstlern und Sozialwissenschaftlern die Bezeichnung "Kulturmanagement" wählten. Diese Maßnahme sollte auch ein Beitrag zur Entwicklung des Bewußtseins sein, daß auch bei diesen kulturellen Angeboten die harten Dinge des Lebens professionell abgewickelt werden müssen.

Wir haben diese einjährige Fortbildung im Auftrag des Arbeitsamtes als eine Art Umschulung durchgeführt, obwohl es für uns ein großes Problem war, nach Abschluß keine Arbeitsplätze vermitteln zu können. Dieses Feld ist heute noch ein Feld für Pioniere und Kämpfer, die in der Lage sind, sich einen Arbeitsplatz selber zu erkämpfen. Der erste Studienerfolg - also eine Form einer "praktischen Abschlußprüfung" - wird daher das Finden eines Arbeitsplatzes sein. Zwei Wochen vor Abschluß dieses Kurses scheint dies etwa zwei Drittel der Teilnehmer gelungen zu sein, freilich zu ungleich schlechteren finanziellen Bedingungen als in anderen Arbeitsfeldern.

Die Fortbildung dauerte ein Jahr, von dem ein Viertel Theoriekurse in der Akademie Remscheid waren und drei Viertel praktische Arbeit in einer Kultureinrichtung.

Das Curriculum enthält Kenntnisse in der Planung von Programmen, Betriebsanalyse, Organisationslehre, Presse- und öffentlichkeitsarbeit, Marktforschung, Computer-Einführung, Finanzbeschaffung, Haushaltsplanung und -abwicklung, Konfliktmanagement und Teamtraining. Zugleich mußten die Teilnehmer - wie bei allen unseren Fortbildungen - ein kulturelles praktisches Projekt planen, durchführen und auswerten. Die ersten 20 Kulturmanager werden Ende des Jahres die Akademie Remscheid verlassen.

Abschließende Überlegungen und Perspektiven

Ich will abschließend einige Überlegungen zu den Problemen und Perspektiven im Bereich des Kulturmanagements anstellen.

1. Ich nehme an, wir sind alle der Meinung, daß es sich nur um ein *kulturfreundliches* Management handeln darf, also um die Bereitstellung von Verfahren und Methoden zu dem Zweck,

den eigentlich wichtigen kulturellen Inhalten zu dienen. Dies ist deshalb so wichtig zu fordern, als es - wie jeder von uns weiß - jedem, der über Finanzierung und Verwaltung bestimmt, möglich ist, Einfluß auf die Inhalte zu nehmen. Das bringt die Schwierigkeit mit sich, eine eigenartige Persönlichkeitsstruktur zu fordern: nämlich einen starken Altruismus, vorhandene Macht *nicht* auszuüben.

2. Obwohl die Praxis zumindest in der BRD so weit noch nicht gediehen ist, ist doch die Diskussion über Notwendigkeit und Inhalte von Kulturmanagement über das Anfangsstadium hinausgegangen. Meines Erachtens ist jetzt der Zeitpunkt gekommen, nach verschiedenen Arbeitsbereichen zu differenzieren. Denn ich meine, daß die Geschäftsführung großer Symphonieorchester andere Probleme mit sich bringt als die Leitung einer Kunstschule.

3. Damit stellt sich - auch insbesondere für Ausbildungsgänge - die Frage nach der Vorbildung bzw. dem inhaltlichen Schwerpunkt. Wollen wir Künstler, die etwas von Management verstehen, oder wollen wir kulturbeflissene Manager? Für meinen Bereich darf ich eine weitere Berufsgruppe einführen: die Menschen mit sozialen und pädagogischen Berufen. Diese Personen bringen eine meines Erachtens wichtige Voraussetzung mit: Eine Professionalität im Umgang mit anderen Menschen.
Dies ist gerade deshalb so wichtig, weil meiner Ansicht nach Kulturmanagement viel mit Kultur, vor allem mit der Kultur zwischen-menschlicher Beziehungen zu tun hat. Deshalb müssen wir stets überprüfen, welche Managementverfahren der freien Wirtschaft mit ihrer eigenen, auf Gewinn ausgelegten Logik wir im Kulturmanagement übernehmen können.

4. Mit dem Respekt vor den kulturellen Inhalten hat auch die Atmosphäre zu tun, in der Management gelehrt und gelernt wird. Ich habe es für sehr wichtig gehalten, daß unsere Managementfortbildungen gleichzeitig mit Musik-, Tanz- oder Theaterfortbildungen stattfinden. Ich bin ein überzeugter Anhänger der

pädagogischen Wirkung der Umgebung, des Milieus, und ich hoffe, daß dies bei uns als "hidden curriculum" seine bildende Wirkung haben wird.

5. Ein wichtiger Teil unseres Managements besteht - ich habe es erwähnt - aus sozialen Beziehungen. Wir können dabei im Kulturbereich von dem lernen, was im Sozialbereich an Verfahren und Methoden entwickelt worden ist: Supervision, Institutions- und Organisationsberatung, Konfliktmanagement, Selbsterfahrung, Teamtraining etc.

6. Eine Aufgabe neben der Entwicklung und Durchführung solider Curricula sehe ich für uns in der Entwicklung des öffentlichen Bewußtseins für Fragen des Kulturmanagements. Wir müssen zeigen, daß unser Verständnis von Management mit Kultur nicht in Widerspruch steht und es vielmehr geradezu notwendig für die Verbesserung der kulturellen Praxis ist.

7. Daher darf ich abschließend auf eine aktuelle bundesweite Initiative hinweisen, die von der Akademie Remscheid ausgegangen ist: der Vorschlag zur Einrichtung einer professionellen Unternehmensberatung speziell für den Kulturbereich. Ein Akt der Bewußtseinsbildung war dies insofern, als die Vorbehalte gegen Management durch den Vorschlag einer u.a. kaufmännisch professionellen, auf Wirtschaftlichkeit orientierten Unternehmensberatung noch potenziert wurden. Diese Diskussion findet zur Zeit statt und wird im Dezember einen gewissen Höhepunkt mit einer Expertenanhörung im Bundesministerium für Bildung und Wissenschaft haben.

3.4
KULTUR-CONSULT
Eine Ideenskizze

Kurzbeschreibung

"Kultur-Consult" ist der Versuch, innerhalb von zunächst vier Jahren ein professionelles Beratungsangebot für Kultur- und kulturpädagogische Einrichtungen aufzubauen. Aufgaben von "Kultur-Consult" sind:

1) Beratung einzelner Institutionen (Kultur- und kulturpädagogische Einrichtungen)
   - Verbesserung der betrieblichen Organisation von Anbietern kultureller Dienstleistungen
   - Hilfestellung und Beratung bei Zielgruppenanlysen, Programmplanung und Konzeptentwicklung
   - Finanzierungsberatung.

2) Beratung von Jugend- und Kulturämtern sowie von Verbänden
   - Entwicklung lokal-spezifischer Kulturangebote auf kommunaler Ebene (community analysis)
   - Hilfe bei der Erstellung und Fortschreibung von Kulturentwicklungsplänen
   - Beratung von überregionalen Verbänden.

3) Schaffung der Existenzgrundlage von "Kulturberatern" - bezahlte Kulturberatung
   - Erschließung von Finanzierungsmöglichkeiten für Kultur-Beratung
   - Einflußnahme auf (d.h. Beratung bei) entsprechende(r) Gesetzgebung und bei der Formulierung von Richtlinien

- Zusammenarbeit mit Aus- und Fortbildungsinstitutionen (Berufsbild "Kulturberater").

Für die Einrichtung von "Kultur-Consult" gibt es Vorbilder und Vorerfahrungen:
- Beratung gehörte bereits bislang zu den Aufgaben von Fachverbänden und einzelnen Institutionen (etwa Akademie Remscheid und Institut für Bildung und Kultur).
- Vergleichbar mit "Kultur-Consult" ist BBJ Consult in Berlin oder GIB in Bottrop (Gemeinnützige Gesellschaft zur Information und Beratung örtlicher Beschäftigungsinitiativen und Selbsthilfegruppen mbH), die u.a. örtliche Beschäftigungsinitiativen und Selbsthilfegruppen oder Unternehmen im Sozialbereich beraten.
- "Kultur-Consult" soll einen Beitrag zur Verbesserung der kulturellen Infrastruktur, zur Konsolidierung und Sicherung der örtlichen (Jugend-) Kulturarbeit und zur Professionalisierung der kulturellen Bildungsarbeit leisten. "Kultur-Consult" ist Hilfe zur Selbsthilfe.

Ausgangslage

In den letzten Jahren sind zahlreiche Künstlerinitiativen und Kultureinrichtungen entstanden, die neben oder auch in öffentlichen Kultur-, Jugend- und Bildungseinrichtungen innovative kulturelle Angebote für Kinder, Jugendliche und Erwachsene machen. Ein ständig größer werdender Anteil unseres kulturellen Lebens wird inzwischen von solchen Initiativen getragen. Von ihnen entwickelte Ideen, Arbeitsformen oder Modellprojekte sind inzwischen von öffentlichen Einrichtungen übernommen worden. Hintergrund für dieses neue Interesse an gut gemachten kulturellen Angeboten - die zu einem großen Teil von gesellschaftspolitischen Engagement getragen sind und sich daher als Beitrag zur politischen Bildung verstehen - ist u.a. die Krise, in der sich (wieder einmal) die Jugendarbeit befindet: Probleme bei der Mitgliedsentwicklung bei Jugendverbänden, leerstehende Häuser der offenen Tür etc. Allerdings ist die Existenzgrundlage der freien Initiativen oder der nicht in Regelörderung durch die öffentliche Hand befindlichen Kultureinrichtungen und -initiativen in der Regel äußerst unsicher: Gelegentliche Werkaufträge, Durchführung zeitlich begrenzter Projekte, Honorarverträge in öffentlichen Kultur- und Bildungseinrichtungen. Ein- oder zweijährige Arbeitsbeschaffungsmaßnahmen bilden das höchste an Arbeitsplatzsicherung.

Da die von den öffentlichen Händen zur Verfügung gestellten Mittel jedoch auf absehbare Zeit nicht steigen werden, ist es an der Zeit, neue Wege und Formen der Finanzierung bzw. Konsolidierung dieses unverzichtbaren kulturellen Angebotes zu entwickelt. Hierfür bieten sich verschiedene Möglichkeiten an:

1) **Verbesserung der betrieblichen und betriebswirtschaftlichen Basis**
Bei nahezu allen Kultureinrichtungen besteht ein gravierender Mangel in betriebswirtschaftlichen Kompetenzen. Viele Projekte und Initiativen scheitern aufgrund der Vernachlässigung ihrer betrieblichen Basis.
Eine dringend notwendige Verbesserung dieser Situation kann geschehen
- durch Qualifizierungsmaßnahmen im Bereich Organisation, Verwaltung, Finanzierung, Öffentlichkeitsarbeit für
- durch die Bereitstellung eines nur zeitlich begrenzt genutzten professionellen Beratungsangebotes.

Beide Maßnahmen zielen darauf,
- 1. zur Verfügung stehende Mittel besser zu nutzen und neue Ressourcen zu erschließen
- 2. die Mitarbeiter in den Stand zu versetzen, die oftmals ungeliebten betriebswirtschaftlichen Aufgaben rationell, routiniert und professionell zu erledigen.

2) **Konzeptentwicklung**
Viele kulturpädagogische Einrichtungen haben zwar eine kurz- oder mittelfristige Arbeitsplanung, verfügen jedoch häufig nicht über verständlich und überzeugend formulierte Konzepte,

die die Arbeit nach innen orientieren und organisieren und die die Arbeit nach außen in ihrer konzeptionellen Absicht erkennbar machen. Wer langfristige und kontinuierliche Förderung möchte, braucht für sich und für die Stellen, die die Mittel bewilligen, auf Kontinuität angelegte Konzepte.

Eine zentrale Aufgabe für die Zukunft besteht daher in der Entwicklung lokal-spezifischer Arbeitskonzepte.

3) Erschließung neuer Finanzierungsquellen

Es gibt eine Reihe von bereits bestehenden Finanzierungsmöglichkeiten, die bislang in der jugend- und kulturpolitischen Diskussion noch keine große Rolle spielten:
- Existenzgründungsprogramme im wirtschaftlichen Bereich
- Wirtschaftsförderungsprogramme
- Verbesserung der Möglichkeiten der Eigenfinanzierung durch geeignete Rechtsformen sowie durch Anwendung von Management-, hier etwa insbesondere von Marketingmethoden.

Zu sehr geht man in der kultur- und jugendpolitischen Diskussion bei der öffentlichen Darstellung seines Anliegens von den eigenen Zielen und Interessen aus und vernachlässigt dabei den Aspekt, daß sein Anliegen dem angesprochenen Adressaten von Nutzen sein muß, wenn dieser sich engagieren soll. Nötig ist daher eine Umstellung der Denkweise, die - ohne natürlich die eigenen Ziele aufzugeben - verstärkt berücksichtigt, daß man eine "Dienstleistung" produziert, die sich "am Markt auch bewähren" muß.

Ziele des Modellversuchs

"Kultur-Consult" setzt sich zum Ziel, zu einzelnen der im letzten Abschnitt genannten Ziele Dienstleistungsangebote zu entwickeln und bereit zu stellen und der Realisierung anderer Ziele mit geeigneten Kooperationspartnern zusammenzuarbeiten. Im einzlnen handelt es sich um folgende Ziele und Aufgaben:

1) Entwicklung eines Beratungsangebotes für Initiativen, Einrichtungen, Organisationen und Verbände in der kulturel-

len (Jugend-) Bildung im Bereich Personalplanung, Organisation, Verwaltung, Finanzierung.

2) Beratung und Hilfe bei Konzeptentwicklung im inhaltlichen Bereich zusammen mit kompetenten Partnern (Programmplanung, Zielgruppenanalyse, mittel- und langfristige Arbeitskonzepte etc.)

3) Mitarbeit bei der Entwicklung eines neuen Berufsbildes "Kulturberater" zusammen mit kompetenten und fachlich ausgewiesenen Partnern. Solche Kulturberater können sowohl freischaffend arbeiten als auch in (z.B.) kommunaler Anstellung. Letztere hätten die Aufgabe, auf kommunaler Ebene Initiativen und Einrichtungen zu beraten und könnten für die kommunale Politik und Verwaltung aufgrund ihrer umfassenden Kenntnis der "Szene" wichtige Impulse für die kommunale Jugend- und Kulturpolitik geben.

4) Beitrag zur Professionalisierung des Mangements im Jugend- und Kulturbereich.

5) Mitarbeit bei der Erschließung neuer Finanzierungsquellen von Jugend- und Kulturarbeit und Beratungstätigkeit.

6) Beratung von politischen Gremien.

Wer wird beraten?

- Einzelne Einrichtungen und Initiativen in freier oder kommunaler Trägerschaft (Hilfe zur Selbsthilfe)
- Kommunen bei Neugründungen von Kulturzentren oder bei entsprechenden Umwandlungen bereits bestehender Jugendeinrichtungen.
- Verbände.
- Jugend- und Kulturämter von Kommunen.
- Zuständige staatliche Stellen und politische Gremien.

Voraussetzungen für den Modellversuch

Die Akademie Remscheid als Initiator und als (zunächst ideeller) Träger dieser Maßnahme bietet seit Jahren Fortbildungsmaßnahmen in einzelnen der angesprochenen Aufgabenbereiche an (Projektleitung, Öffentlichkeitsarbeit, Veranstaltungsplanung, Konzeptentwicklung, Personalberatung). Zugleich führt die Akademie Remscheid zusammen mit dem Institut für Bildung und Kultur seit Dezember 1987 im Auftrag der Bundesanstalt für Arbeit die Fortbildungsmaßnahme "Mitarbeit in kulturpädagogischen Einrichtungen - Kulturmanagement" durch, deren Konzept inzwischen für andere, ähnlich gelagerte Fortbildungsmaßnahmen übernommen worden ist.

Zum Arbeitsauftrag der Akademie Remscheid gehört außerdem traditionell die Beratung von Initiativen, Jugend- und Kultureinrichtungen sowie von administrativen oder politischen Stellen und Gremien. Das in der Akademie Remscheid angesiedelte Institut für Bildung und Kultur dürfte außerdem zur Zeit über die reichhaltigste Erfahrung in unserem Lande bei der Betreuung von Projekten in dem hier angesprochenen Bereich verfügen.

All diese Erfahrungen sollen in dieses neue Vorhaben einfließen. Es hat sich jedoch gezeigt, daß eine neue Qualifizierungsoffensive auf der oben skizzierten gesicherten Grundlage stattfinden sollte, die über die bereits stattfindenden Aktivitäten der Akademie Remscheid hinausgehen und mit ihrer Institutionalisierung einen notwendigen Beitrag zur Professionalisierung und Stabilisierung des Jugend-Kultur-Bereichs leisten.

"Kultur-Consult" als Kooperationsverbund

Eine zentrale Beratungsstelle wie beschrieben kann nur sinnvoll arbeiten, wenn sie im Verbund mit Einrichtungen arbeitet, mit denen sie arbeitsteilig die anstehenden Probleme löst. Partner in diesem Verbund sind:

1) **Akademie Remscheid**
Die Akademie Remscheid als bundeszentrale Fortbildungseinrichtung verfügt wie dargestellt über umfangreiche Erfahrungen in der Beratung und kann neugewonnene Erkenntnisse in die Entwicklung neuer Fortbildungsangebote (auch für andere Fortbildungsträger) einbringen und somit sofort praktisch umsetzen. Sinnvoll wäre etwa eine Kombination von Beratung vor Ort mit einer entsprechenden Fortbildung von Mitarbeitern in der Akademie Remscheid.

2) **Das Institut für Bildung und Kultur in der Akademie Remscheid**
Das Institut für Bildung und Kultur bringt umfangreiche Erfahrungen in der Projektbetreuung in den Verbund ein und hat außerdem als Arbeitsschwerpunkt für die nächsten vier Jahre die Bearbeitung einzelner praxisorieniterten "Forschungsfragen" (Existenzgründung, Erschließung von Wirtschaftsförderprogrammen für den Kulturbereich), deren Ergebnisse für "Kultur-Consult" unverzichtbar sind.

3) **Cultur-Plan**
Cultur-Plan ist eines der wenigen bundesweit arbeitenden Beratungsbüros, das in Ansätzen bereits einige der hier vorgestellten Zielstellungen verfolgt.

4) **Kuratorium**
Neben dem ständigen Kontakt mit den Bedürfnissen der Praxis, wie ihn die Akademie Remscheid aufgrund ihrer Fortbildungstätigkeit in den Verbund einbringt, sollte ein "Kuratorium" eingerichtet werden, das folgendermaßen zusamengesetzt ist:

- Vertreter von Initiativen und Organisationen
- Vertreter von einschlägigen Verbänden
- Vertreter aus Kommunen, von kommunalen Spitzenverbänden und von anderen wichtigen Trägern von Jugend- und Kulturarbeit
- Vertreter der Parteien
- Vertreter anderer Beratungsinitiativen (z.B. GIB, BBJ Consult etc.)
- Kulturberater.

5) Rechts- und Organistionsform

"Kultur-Consult" hat unter anderem zum Ziel, nach einer Anlaufzeit finanziell selbständig zu werden. Eine entscheidende Beratungsaufgabe - nämlich Möglichkeiten der Eigenfinanzierung von Kultureinrichtungen zu erkunden - muß daher zunächst für "Kultur-Consult" selber gelöst werden.

Dabei muß eine Rechtsform gefunden werden, die sowohl gemeinnützige als auch erwerbswirtschaftliche Aktivitäten erlaubt.

Möglich ist eine Vorlaufphase - etwa in Rechtsträgerschaft der Akademie Remscheid oder als e.V. - in der ein tragfähiges Arbeitskonzept und eine praktikable Organisationsstruktur für den Kooperationsverbund entwickelt wird mit dem Ziel, später "Kultur-Consult" in die geeignete Rechtsform umzuwandeln.

Bis zu diesem Zeitpunkt ist die Akademie Remscheid bereit, verantwortlich "Kultur-Consult" zu betreuen. (Dies ist zunächst ein Denkmodell und müßte bei Realisierung in den Gremien der Akademie Remscheid beraten und formell beschlossen werden.).

6) Kosten und Finanzierung

"Kultur-Consult" kann bei dem vorgesehenen ambitionierten Arbeitsprogramm nur funktionieren, wenn eine Mindestzahl qualifizierter Fachkräfte mitarbeitet.

Es ist davon auszugehen, daß diese Mindestaustattung aus vier wissenschaftlichen Mitarbeitern und zwei Verwaltungskräften mit entsprechenden Räumen besteht, die für eine Vor- und Anlaufsphase von vier Jahren finanziell unterstützt werden müßten:

- Leiter, BAT IIa
- 3 wissenschaftlicher Mitarbeiter, BAT III/IIa
- 2 Verwaltungskräfte, BAT V
- vier Räume: 3 Büros für je 2 Mitarbeiter, eine Bibliothek/Beratungszimmer.

4.
Zur Arbeitsweise der Akademie Remscheid

4.1 SPIEL ALS ARBEIT - ARBEIT ALS SPIEL
Zur Tätigkeit der Akademie Remscheid

Begriff des Spiels

...ist immer wieder verwandt worden, um das Musische in seinen Aktionsformen und in seiner Bildungswirkung auf den Menschen zu erfassen[1]. Im folgenden will ich mich an diese Tradition anschließen[2], weil auch ich davon überzeugt bin, daß wesentliche Bestimmungen des Spielbegriffs entscheidend Tätigkeit und Atmosphäre der Akademie Remscheid prägen.

Ein zentrales Problem der Akademie Remscheid

...als Ganzes und auch der einzelnen Dozenten besteht in der besonderen Aufgabenstellung dieser Bildungsstätte: sie ist eine Einrichtung der Jugendhilfe - und will von dem Inhalt ihres Fortbildungsangebotes so gar nicht zu diesem gesellschaftlichen und pädagogischen Bereich passen. Ihre Arbeitsformen und -inhalte entziehen sich über weite Strecken der Denk- und Redeweise in der Jugendarbeit.

Aber auch in Bereichen, die dem künstlerischen und kulturpädagogischen Anliegen der Akademie Remscheid näher stehen, will eine vollständige Identifikation nicht gelingen: die Akademie Remscheid nimmt auch im Kreis der künstlerischen (Aus-)Bildungsstätten - dieses Mal aufgrund ihrer Nähe zu dem Anliegen der Jugendhilfe und -arbeit - eine Randpostion ein. Für die einen zu künstlerisch, für die anderen zu pädagogisch: dies ist zugleich das Schicksal der Dozenten.

Diese widersprüchliche Situation, daß von ihrer Finanzierung und ihren Zielgruppen her die Zuordnung zu "Jugend" und "Sozialem"[3], von ihrem Arbeitsinhalt her jedoch die Zuordnung zu

"Kultur" erfolgt, erschwert die Bildung von persönlicher Identität und auch die Entwicklung einer Identität als Institution, und doch liegt hierin eine einzigartige Chance nicht für diese Bildungsstätte, sondern zugleich für die Gesellschaft[4]. Die Akademie Remscheid ist durch diese Lokalisierung dazu verpflichtet Arbeitsformen und Strategien zu verfolgen und zu realisieren, die angesichts der großen gesellschaftlichen Probleme unserer Zeit entscheidend für das Überleben in unserer Gesellschaft sind.

Die Unsicherheit bei der Zuordnung

...zu klassischen "Ressorts" bildet den äußeren Rahmen für die Möglichkeit zum Experiment. Zugleich kann keine Person und auch keine Institution nur experimentieren: es besteht auch ein lebensnotwendiger Bedarf an Struktur und Sicherheit. Die Akademie Remscheid hat also als ständige Aufgabe - gerade wegen der nicht möglichen eindeutigen Zuordnung zu gesellschaftlichen Teilbereichen - die Dialektik zwischen Struktur und Innovation, zwischen Flexibilität und Sicherheit, zwischen Verbindlichkeit und Freizügigkeit und Freiheit zu lösen. Diese Dialektik charakterisiert wesentlich menschliches Spiel: auch hier gilt es zu explorieren und zu erkunden, was jedoch nur möglich ist in einem sicheren Rahmen, der Wagnis ermöglicht. Auch im Spiel gibt es (begrenzte) Offenheit und Öffnung von Strukturen, gibt es die Infragestellung von Bestehendem, gibt es Probehandeln und eine Flexibilisierung von Funktionen, ohne daß Willkür, Chaos oder Beliebigkeit entstehen.

Spielerischer Umgang mit Material, mit sozialen Rollen, mit Instrumenten - oft methodisch gerade entgegen den üblichen Regeln gebraucht oder praktiziert - ist Charakteristikum der Arbeit der Akademie und dies geschieht in einer Atmosphäre der sinnvollen *Arbeit*.

Spiel ist Tätigkeit, ist Bewegung:

Entwicklung als Bewegung der Persönlichkeit ist Ziel der pädagogischen Einrichtung Akademie. Diese Bewegung kommt zustande durch das Aufeinanderwirken von Selbstverständlichem und Fremdem -oder Verfremdetem, sie kommt zustande durch Aufeinandertreffen von Polaritäten[5]. Gerade dies ist typisch: das Aufeinandertreffen, die *Begegnung*. Es treffen sich Soziales, Pädagogisches und Künstlerisches. Es treffen - als Spezifikum der Arbeit der Akademie - verschiedene Künste aufeinander. Multimedialität auf professioneller Grundlage in den verschiedenen beteiligten künstlerischen Medien kann hier in ihren Chancen und Grenzen geradezu idealtypisch ausgelotet werden.

Als Einrichtung der kulturellen Bildung treffen sich Künste und Pädagogik - zunächst kein harmonisches Paar, auch wenn man von der "erziehenden Kraft der Künste" oder von der "Pädagogik als Erziehungskunst" spricht: Pädagogik als zielorientierte Unterstützung, Kunst mit ihrer spielerischen Offenheit; Pädagogik stets auf der Suche nach Methoden und Anleitungswissen, Kunst als eher methodenfeindlich und geradezu allergisch gegen die mit "Anleitung" assoziierte Uniformisierung; Pädagogik aber auch als primär helfend und sozial, die Kunst und die Künstler jedoch sehr stark individuell, individualistisch und auch egoistisch.

Es begegnen sich kulturelle und politische Bildung - und hier helfen nicht immer die Argumentationen, wie "politisch Kultur sei" oder "wie kulturvoll Politik zu sein habe": Nicht immer wirkt künstlerisch-kulturelle Praxis in dem unmittelbaren Sinn politisch, wie dies im Rahmen der politischen Bildung gewünscht und gefordert wird. Hier gibt es eher Spannungen und Konkurrenzen[6].

Dies gilt auch für die Begegnung zwischen "Kultur" und "Sozialem". Diese Begegnungen sind ja nie Begegnungen zwischen abstrakten Begriffen, sondern zwischen Menschen, die entsprechende Positionen vertreten, die entsprechende bereichsspezifische Sozialisationen hinter sich haben und die in den jeweiligen Praxisfeldern stehen. Man merkt sehr schnell, wie sehr sich Sprache und Denkweise der beiden Ressorts unterscheiden: Das "Soziale" neigt leicht dazu, Künste und kulturelle Mittel zu instrumentalisieren, darin bloß *Methoden* zu sehen für Inhalte und Ziele, die sie selber vorgeben[7]. Es ist oft schwierig, sich hier mit der Argumentation durchzusetzen, daß die Gefahr besteht, die Künste ihrer pädagogischen, therapeutischen, sozialen etc. Funktion zu berauben, wenn man sie zu schnell und zu vordergründig hierfür benutzen will. Dieser Gegensatz wird zudem noch verschärft dadurch, daß das Soziale sich sehr viel stärker für eine entsprechende eindimensionale Pädagogisierung nach dem Muster Ziel-Methode-Realisierung eignet, als die Künste. Es fehlt hier oft der Mut zur Offenheit, zum Experiment - und damit zugleich das Vertrauen in die Autonomie des Menschen und die Fähigkeit zur Selbststeuerung seiner Praxis.

Dies ist nun ein wesentliches Spannungsfeld: Künste bereitzustellen für pädagogische, politische, soziale und therapeutische Zwecke und zugleich für ihre Autonomie zu sorgen, die die Zweckerreichung letztlich erst ermöglicht. Das heißt zugleich: zu *Spiel* zu ermutigen; zu einem Spiel mit sich, mit sozialen Zusammenhängen, mit Materialien und Methoden zu ermutigen - und dies bei voller Verantwortung für das pädagogische Ziel.

Dieses Geflecht von Spannungen und Polaritäten

...führt nicht im Selbstlauf zu den gewünschten Wirkungen. Denn arm an Spannungen ist unsere Gesellschaft wahrlich nicht; nur: die Form der Austragung von Spannungen ist bei uns nicht immer produktiv. Klassische Verarbeitungsformen von Spannungen und Widersprüchen wären sonst nicht das Ignorieren von Problemen, ihre Verdrängung oder ihre Verharmlosung. Es bedarf also bestimmter Voraussetzungen, damit aus Spannungen in produktiver Weise Bewegung entsteht. Einige, m.E. entscheidende Voraussetzungen dafür, daß aus Spannungen in produktiver Weise Bewegung wird, will ich im folgenden erläutern.

Spiel ist nicht voraussetzungsfrei.

Gerade dann, wenn die Ansprüche an das Spiel im Sinne der obigen Ausführungen hoch sind, ist die erfolgreiche Durchführung spielerischer Handlungen bereits ein wichtiges Zwischenergebnis und Produkt pädagogischer Vorüberlegung und Intervention[8].

Spiel ist ohne *Vertrauen* nicht möglich. Wenn im Spiel Handlungsmöglichkeiten und -räume exploriert werden sollen, so geht dies nur dann, wenn die Ausgangsbasis stabil ist. Wie anspruchsvoll diese Grundvoraussetzung von Spiel ist, sieht man sofort, wenn man die wichtige Rolle von Konkurrenz in unserer Gesellschaft berücksichtigt. Mag man Konkurrenz auch für eine leistungssteigernde soziale Konstellation halten: sie ist wenig produktiv bei den hier relevanten Bildungsprozessen.

Vertrauen entsteht in einem bestimmten *Milieu*. "Milieu" meint beides: es meint die räumliche Gestaltung ebenso wie die sozialen Beziehungen[9]. Zum "Milieu" der Akademie Remscheid gehört sicherlich ihre "exterritoriale" Lage - weit entfernt von öffentlichen Verkehrsmitteln, am Rande des Waldes mit einem - an dunstfreien Tagen - weiten Blick. "Milieu" meint aber auch die sozialen Rahmenbedingungen des Hauses. Es meint ferner entscheidend den Mikroorganismus der Gruppe[10].

Auch das Leben, das sich für einen Fortbildungsteilnehmer zu einem großen Teil in seiner Gruppe abspielt, ist in dieser Woche seiner Anwesenheit exterritorial: Die Teilnehmer leben zeitlich begrenzt in einer anderen Welt. Sie sind in *Distanz* zu ihr gegangen - räumlich-geographisch ebenso wie im Hinblick auf ihre alltäglichen Sorgen. Diese Distanz ist für die Qualität der Bildungserlebnisse entscheidend: Erst durch diese Distanz wird Nähe ermöglicht Nähe zunächst einmal in der Gruppe als Grundlage des Vertrauens; Nähe letztlich jedoch auch zu den Problemen des Alltags, der doch so weit weg scheint.

Wie ist diese paradoxe Aussage zu verstehen?
Der Wahrheitsgehalt dieser These wird verständlich, wenn man sich daran erinnert, daß Brecht hieraus - in Anwendung Hegelscher Reflexionen des Erkenntnisprozesses - seinen methodischen Ansatz der Verfremdung gewonnen hat. Die alltägliche

Nähe suggeriert eine Selbstverständlichkeit, die sie möglicherweise gar nicht verdient[11]. Was not täte, wäre vielmehr ihre eine Distanz voraussetzende Analyse, um überhaupt erst die Chance zu haben, sich bewußt für ihr So- Sein zu entscheiden. Das Fremde ist also sehr viel leichter analysieren, jedoch nur dann zu verstehen, wenn man das Nahe begriffen, bewußt verarbeitet und dazu Stellung bezogen hat. Beides gelingt also bei der Infragestellung des alltäglich Nahen: die Entwicklung einer bewußten Beziehung zu seiner Umgebung und eine Bewertung des Fremden, die nicht sofort durch unreflektiertes Anwenden alltäglich praktizierter Normen und Werthaltungen zustande kommt. Es kann sich dabei herausstellen, wieviel näher einem selber das Fremde ist als das bislang Nahe.

Dies ist auch der Grund dafür, daß eine Fortbildung in der Akademie - obwohl weit ab von der täglichen Praxis - sehr viel mehr mit dieser zu tun hat als zunächst scheint.

Die besondere existentielle Bedeutung

...der kurzfristig praktizierten *Lebensform* in der Akademie - und um nicht weniger handelt es sich - kommt zustande durch die intensive Erfahrung eines "Erlebnisses". Damit ist eine besondere Qualität von "Begegnung" gemeint; jedoch kann dieser Begriff ohne weitere Erläuterung nicht so stehen bleiben. Der Begriff "Erlebnis" gestattet zunächst einmal sehr verschiedene Assoziationen: "Erlebnis" ist eine zentrale Kategorie bei einigen Vertretern der geisteswissenschaftlichen, vor allem aber der existenz- und lebensphilosophisch orientierten Pädagogik. "Erlebnis" ist hier eine Kategorie, die in bewußter Abgrenzung und Absetzung von rationalen Erkenntnisprozessen ein Moment individueller Entwicklung zu erfassen sucht. Das Spektrum des Gebrauchs dieses Begriffs reicht über seine Thematisierung in der "Erlebnispädagogik" bis hin zur Gestaltung eines "erlebnisorientierten Marke tings" als Verkaufs- und Planungsstrategie, die ihre Kunden für den Rausch des Kaufes mit anderen Sinnesfreuden vorbereiten will. Bewahrenswert an all diesen Ansätzen ist sicherlich der Wunsch, den Menschen nicht bloß als eindimensional-intellektuelles Wesen, sondern auch als ein mit allen Sinnen empfindendes Wesen sehen zu wollen. Meines Erachtens ist es jedoch bei dem Vorhaben der Rehabilitation der Sinne nicht notwendig, dies in Absetzung von einem ebenfalls entscheidenden Wesenszug, nämlich seiner Intellektualität, zu tun, da man sonst in dieser abermaligen Reduzierung - nun auf das Sinnliche und die Empfindungen - seinem proklamierten Ziel der Ganzheitlichkeit widerspräche.

Es kann in unserer heutigen Situation gerade nicht darum gehen, Intellektualität und Vernunft abzuschalten oder auszuspielen gegen ein Verständnis des Menschen als einemeiblichen, naturverbundenen und sinnlichen Wesen: es geht vielmehr darum, diese offenkundigen Bedürfnisse mit *Vernunft* gegen einen kalkulierenden - vielleicht auch auf das Ziel eines bloß noch sinneswahrnehmenden und nicht mehr denkenden Menschen hin kalkulierenden - Verstand durch zusetzen. Wir brauchen heute keinen musischen Irratio nalismus, sondern eine kulturelle Bildung, die ihren Beitrag zur Förderung aller Seiten der Persönlichkeit leistet. In einem solchen Begriff von Ganzheitlichkeit läßt sich der Begriff des "Erlebnisses" reformulieren, und entsprechend: in einem solchen ganzheitlich gestalteten pädagogisch- künstlerischen Milieu können Erlebnisse stattfinden.

Erlebnis als Qualität der - auch spannungsvollen - Begegnung des Nichtgleichen im Spiel: dies ist die zentrale Aussage dieser Überlegungen zur Arbeit der Akademie Remscheid. Was kann hier "Erlebnis" heißen? Für mich ist Erlebnis ein psychischer und sozialer Vorgang, der aus der Mischung von Aktivität und Kontemplation, der aus der Selbstbesinnung und dem Sich-Einlassen auf den anderen entsteht bei gleichzeitiger großer Bewußtheit des sozialen und politischen Rahmens. Das Erlebnis bezeichnet hierbei den ganzheitlichen Vorgang der Erkenntnis, der über das bloß Kognitive und Wissensmäßige hinausreicht und Einstellungen und Überzeu gungen, die Qualität der Empfindungen - und die Empfindung von Qualität - erfaßt. Man erlebt - im Spiel - die reale, aber doch nicht alltägliche Wirklichkeit der Akademie Remscheid, man erlebt spannungsvolle Konfontration mit Neuem, man wagt, auf Entdeckungsreise zu gehen - emotional, sozial, motorisch, sinnlich, intellektuell. Man kann viel über seine alltägliche Praxis lernen, und man schöpft Mut und Vertrauen, einzugreifen in diese Praxis und "Humanität" zu realisieren: nämlich diese Praxis nach eigenen Wünschen zu gestalten. Dies ist letztlich die entscheidende politische und soziale Qualität des (kulturellen) Bildungserlebnisses, das auf den ersten Blick sehr individuumsbezogen aussieht.

Wieso hat all dies

...wie behauptet - etwas zu tun mit dem Überleben unserer Gesellschaft?

Im Jahre 1958 veröffentlicht der englische Schriftsteller und Physiker, Charles Percy Snow[12] sein Essay über "zwei Kulturen", die jeweils für sich beanspruchen, für das Leben nach der industriellen Revolution die geeignete Sinndeutung zu liefern. Snow warf den Literaten vor, aus Ignoranz und Unkenntnis die - gerade für die Armen - positiven Folgen der Industrialisierung zu verkennen.

Der Berliner Soziologe Wolf Lepenies[13] hat in diesem Streit um das Recht zur Sinndeutung den Kreis der Künstler-Literaten und Naturwissenschaftler-Techniker um den der Gesellschaftswissenschaftler erweitert. Das Problem in dieser Kontroverse besteht m.E. nicht darin, daß ein Streit stattfindet, es besteht vielmehr darin, daß die einzelnen Positionen in Unkenntnis der jeweils anderen Positionen - und oft auch ohne die Bereitschaft, sich ernsthaft auf diese Positionen einzulassen - miteinander streiten.

Was heute dringend nötig ist, ist keine Arbeitsteilung in solche, die wissenschaftlich-technische Erkenntnisse produzieren, und andere, die allgemeine Kultur- und Gesellschaftsanalysen liefern. Wir brauchen vielmehr verantwortungsvolle Naturwissenschaftler und Geisteswissenschaftler, die naturwissenschaftlich kompetent ihren Beitrag zur Analyse unserer Kultur leisten. Wir brauchen also das Zusammentreffen, die produktive und auch spannungsvolle Auseinandersetzung der Künste, der Naturwissenschaft-Technik und der Gesellschaftswissenschaften.

Genau dies findet seit dreißig Jahren an der Akademie Remscheid statt. Die Entwicklung sowohl der ursprünglich sehr technisch orientierten medienpädagogischen Fachgebiete als auch die Entwicklung des ursprünglich stark gesellschaftstheoretisch geprägten Fachgebietes "Sozialpsychologie" zeigt, was sich aus diesem produktiven Zusammenspiel ergeben kann.

Dies dürfte einer der entscheidensten Beiträge der Akademie Remscheid für die Gesellschaft sein: ein Modell zu bieten, das zeigt, was "Integration der drei Kulturen" in der Praxis bedeuten kann.

Anmerkungen und Literatur

1. Für das konzeptionelle Denken der Akademie Remscheid zum Thema Spiel sind vor allem Hubert Kirchgäßner und Ulrich Baer zu nennen: Vgl. etwa H. Kirchgäßner: Ablagerungen. Remscheid 1985, und U. Baer: Einführung in die Spielpädaogik, Remscheid 1988. Erste eigene Überlegungen finden sich in M. Fuchs: Kulturelle Bildung und ästhetische Erziehung, Köln 1986, Kapitel 9.4. Ausgehend von einer tätigkeitsorientierten Sichtweise sehe ich in der Tätigkeitsform "Spiel" eine spezifische Weise der Aneignung der Wirklichkeit durch explorative Schaffung und Erkundung einer zweiten fiktiven Realität.

2. In meinem in Anmerk. 1 angegebenen Buch zeige ich, daß ich mich dem pädagogischen und ideologischen Konzept der musischen Bildung und Erziehung, wie es etwa von Götsch und anderen vertreten wurde, definitiv nicht anschließe. Andererseits darf man nicht verkennen, daß in den Überlegungen von Vertretern dieser klassischen musischen Bildung zahlreiche existenziell bedeutsame Tatbestände angesprochen werden, so daß es sich lohnt, um die verwendeten Begriffe, die diese Tatbestände erfassen, zu streiten.

3. Die Akademie Remscheid wird etwa jeweils zu einem Drittel über den Landesjugendplan Nordrhein-Westfalen, den Bundesjugendplan und über Teilnehmerbeiträge finanziert.

4. Daß diese besondere Situation der Akademie Remscheid dazu geführt hat, daß - obwohl primär zuständig für kulturelle Bildung - gesellschaftliche und politische Fragestellungen thematisiert und problematisiert werden, zeigt ein Blick in das Archiv oder in ältere Programme: Während man sich bundesweit noch über Willy Brandts Forderung nach dem "blauen Himmel über der Ruhr" amüsierte, gab es an der Akademie Remscheid bereits Kurse und Lehrbriefe zum Thema Umwelterziehung

5. Die hier angeführte Polarität von Fremdheit oder Distanz und Nähe dürfte zentral für die menschliche Existenz sein. Mut, Neues zu erproben, also sich auf Fremdes einzulassen - auch: "Mut zur Zukunft" zu entwickeln -, ist das entscheidende Motiv für bewußt geplante Entwicklung. Noch schwieriger (und noch wichtiger) dürfte die Verfolgung eines weiteren Zieles sein: das Fremde im Nahen zu akzeptieren. Siehe hierzu unten mehr.

6. Begegnung ist also zunächst nicht notwendig harmonisches Aufeinandertreffen. Sehr viel bildungswirksamer sind ohnehin Situationen, bei denen "Harmonie" erst noch zu erarbeiten ist. Sehr viel wichtiger als eine nicht weiter belastete und belastbare Harmonie scheint mir die Fähigkeit zum Umgehen mit Differenzen und Dissonanzen zu sein; die SPD spricht zur Zeit von einer zu entwickelnden "Kultur des Streits".

7. Ein Versuch, diese unterschiedlichen Sichtweisen zu thematisieren, läßt sich in dem Tagungsbericht M. Fuchs (Red.): Kulturarbeit als Gemeinwesenentwicklung, Remscheid 1988 (Institut für Bildung und Kultur - Schriftenreihe Bd. 8), nachlesen.

8. Dies liefert u.a. die Berechtigung für die Existenz von Spielpädagogik. Siehe hierzu die allgemeinen und aktuellen Überlegungen von U. Baer im Tätigkeits- und Geschäftsbericht der Akademie Remscheid 1988.

9. Siehe hierzu meinen Aufsatz "Lernziel: Inszenierung und Gestaltung von Milieu", in: Dokumentation der Fachtagung 'Hospital Art' (im Erschienen in der Schriftenreihe des IBK).

10. Hier ist nicht sofort an die idyllisierende Funktion der Gruppe in der Jugendbewegung zu denken.

11. Diese erkenntnistheoretische These wird ausführlich in meinem Buch "Mathematik in der Schule", Köln 1984, erläutert.

12. Snow, C.P.: The two Cultures and the Scientific Revolution, New York 1959.

13. Lepenies, W.: Die drei Kulturen. Soziologie zwischen Literatur und Wissenschaft, München/Wien 1985. Lepenies zeigt, daß der Streit, den Snow mit seinem Beitrag entfesselt hat, Vorläufer bis ins frühe 19. Jahrhundert hat. Diese Rede von "zwei" oder "drei" Kulturen ist natürlich nicht zu verwechseln mit Lenins Überlegungen zu den beiden Kulturen von Arbeitern und Bürgern. Siehe hierzu etwa D. Kramer: Theorien zur historischen Arbeiterkultur, Marburg 1987. Ulrich Baer hat bereits 1979 (Ökotopia - unsere dritte Kultur? in: U. Baer (Hrsg.): Arbeitsblätter zur Spielpädagogik, Band 1, Köln 1985) auf eine weitere Variante einer dritten Kultur, die - oft stadtteilbezogene - Alternativkultur, hingewiesen. Inzwischen hat U. Baer vor allem in P. Alheit einen Nachfolger gefunden, der in der Synthese von klassischer Arbeiterkultur und Alternativkultur das richtige kulturpolitische Ziel sieht; vgl. P. Alheit: Wieviele "Kulturen" braucht der Mensch? In: Mitte, Werkstatt & Kultur (Hrsg.): Jugendarbeit und Kulturarbeit, Stuttgart 1988.

4.2
ANMERKUNGEN ZUR KULTURPÄDAGOGISCHEN FORTBILDUNG

Problemstellung

Nachdem mit Hermann Giesecke einer der damals entscheidenden Befürworter einer Professionalisierung der Pädagogik, v.a. der Sozialpädagogik und Jugendarbeit nun auch das "Ende der Erziehung"[1] proklamiert, dürfte ein grundsätzliches Überdenken unseres pädagogischen Denkens und Handelns nicht mehr zu vermeiden sein,
- ob sich die Ausbildungsstätten an den richtigen pädagogischen Professionen orientieren
- ob es für die dort vermittelten Kompetenzen überhaupt einen "Markt" gibt.

Eine entscheidende Frage dürfte sicherlich sein, ob das gesamte Netzwerk von Aus- und Fortbildungsstätten, Zeitschriften, Berufsverbänden etc. nur noch dazu dient, als Lobby und legimatorische Basis für ein Berufsfeld zu dienen, dessen gesellschaftliche Notwendigkeit in Zweifel geraten ist. Wir müssen also die Frage stellen - bzw. sie uns gefallen lassen: Wo ist überhaupt noch ein sinnvolles pädagogisches Arbeitsfeld, wie sollten die pädagogischen Interventionen dort aussehen, welche Ziele können Pädagogen dort verfolgen und: sind sie überhaupt die geeigneten Personen für die Verfolgung dieser Ziele?

Aus der Sicht einer Fortbildungseinrichtung, die keine staatlich anerkannten Diplome - also keine "laufbahnrechtlich" relevante Zugangszertifikate - verteilt und deren Besuch freiwillig ist, ist die Situation einfacher und schwieriger zugleich. Sie ist einfacher, weil sie über die Anmeldezahlen sehr schnell eine Rückmeldung über die Relevanz ihres Angebotes erhält. Sie ist *legimatorisch* einfacher, weil aufgrund der Freiwilligkeit in der Wahrnehmung des Fortbildungsangebotes die Teilnehmer für sich selber entscheiden, ob sie das Angebot nutzen und damit seine Berechtigung beweisen. Die Situation ist schwieriger, weil sich das Angebot "am Markt bewähren" muß, die Fortbildungseinrichtungen sich daher mit Fragen auseinandersetzen müssen, die gerade im Bereich des Kulturellen noch den Ruch des Unfeinen haben: mit Markt- und Zielgruppenanalyse, mit Fragen des Marketings und des Managements.

Pädagogik oder das Problem mit den zwischenmenschlichen Beziehungen

Eine entscheidende Frage in pädagogischen Studiengängen ist aus meiner Sicht die des Stellenwertes spezifischer Inhalte. Eine Schwäche in vielen derzeit aktuellen pädagogischen Studiengängen ist m.E. die Vernachlässigung inhaltlicher Aspekte und die sehr starke Konzentration auf soziale, kommunikative und psychologische Aspekte, wobei bei letzteren wiederum die Tiefe und Gründlichkeit fehlt, mit der diese in genuin psychologischen Ausbildungsgängen behandelt werden. Bei einer solchen Anlage des Studiums trifft dann auch der Vorwurf von Giesecke zu, daß die Pädagogen Spezialisten bloß für Kommunikation und kommunikativ erfolgende Manipulation seien.[2] Diese Inhaltsabstinenz ist strukturell in solchen Studiengängen angelegt, deren Bezeichnungen sich nicht auf bestimmte Gegenstände, die professionell erlernbar wären, beziehen, sondern auf inhaltlich diffuse Lebensbereiche wie etwa "Freizeit" oder auch "Kultur". Die Folgen einer solchen, sich in Studien- und Prüfungsordnungen manifestierenden Vernachlässigung der simplen Tatsache, daß Menschen nicht bloß reden, sondern stets über etwas reden, daß Menschen darüber hinaus nicht bloß über etwas reden, sondern sich das Reden in der Regel auch auf *gemeinsames Handeln* bezieht, daß es also eine *gemeinsame "dritte Sache"* gibt, die - bei einer Orientierung an einem Erfolg oder doch zumindest an einem Ergebnis des Redens und Handelns - Reden und Handeln orientiert, Beliebigkeit reduziert und Verbindlichkeit der Kommunikation herstellt.[3)]

Diese Verabsolutierung des bloß Kommunikativen, die Zentrierung auf Beziehungen bei gleichzeitiger Vernachlässigung des Inhalts (und bei gleichzeitig ebenfalls nicht immer stark ausgeprägter Professionalität bei der Analyse der Beziehungsebene selber) hat m.E. zu der Situation geführt, die Giesecke und andere beklagen.

Hinter dieser skizzierten Entwicklung steckt nun ein problematisches und zu problematisierendes Verständnis von Pädagogik. Dieses geht m.E. letztlich von einem *reduzierten Menschenbild* aus, da es den Menschen als bloß folgen- und absichtslos redend und Beziehungen knüpfend unterstellt und verkennt, daß er wesentlich ein produzierendes, sich an Dingen und Problemen *abarbeitendes* Wesen ist.

Der bereits in den siebziger Jahren etwa von Wolfgang Klafki geforderte Primat des Inhalts[4)] - dort eher in der schulpädagogischen Diskussion formuliert - gilt m.E. für alle pädagogischen Prozesse. Dies müßte u.a. die Folge haben, daß es keine pädagogische Ausbildung ohne ein "Sachfach" geben sollte, bei dem bei aller notwendigen sozialen und praktischen Reflexion auch präzise und verbindliche Fähigkeiten und Fertigkeiten und zu erwerbendes Wissen in einem abgegrenzten Bereich eine zentrale Rolle spielen.[5)]

Die Akademie Remscheid (wie andere Fortbildungsstätten) "profitiert" von dieser Situation, insofern sich ihr Fortbildungsangebot auf die Aneignung eines solchen Wissens und solcher Fähigkeiten und Fertigkeiten in den in ihr vertretenen künstlerischen Bereichen, im Bereich der Spiel- und Medienpädagogik und im Fachgebiet "Sozialpsychologie und Beratung" auf verschiedenen Niveaus unter fachlicher qualifizierter Anleitung bezieht. In allen Kursen spielt dabei die Vermittlung und der Erwerb der fachlichen Grundlagen zusammen mit ihrer methodisch-didaktischen Reflexion in Bezug auf die Anwendbarkeit und die Umsetzung des Gelernten in den verschiedenen Tätigkeitsfeldern der Teilnehmer die zentrale Rolle. Obwohl die Akademie Remscheid keine *künstlerische* Ausbildungsstätte ist, übernimmt sie jedoch für einen großen Teil ihrer Besucher genau diese Funktion, da sie fachlich und pädagogisch das Erarbeiten eines künstlerischen Mediums unterstützt.

Man darf daher feststellen, daß der Fortbildungsbereich ganz entscheidend der (praktische) Beleg für die (theoretische) These vom Primat des Inhalts in der Pädagogik ist.

Kritisch ist für eine Fortbildung im kulturpädagogischen Bereich, bei der "Kultur" Inhalt der pädagogischen Tätigkeit ist, also nicht die Frage der Notwendigkeit eines inhaltlichen Bezugspunktes in der pädagogischen Praxis, sondern vielmehr die Frage des Grades an Professionalität, die bei der Beherrschung dieses Inhalts gefordert wird.

Mediale Kompetenz in der kulturpädagogischen Fortbildung

Es ist keine Frage, daß die Fortbildungsangebote professionell inhaltlich gestaltet sein müssen. Es ist eine alte pädagogische Tatsache, daß pädagogische Prozesse um so interessanter ablaufen, je größer das fachliche Handlungsrepertoire des Gestalters dieser Prozesse ist. Es ist nur der sichere und kompetente Pädagoge, der es sich leistet, auf Wünsche anderer flexibel einzugehen. Fachliche Sicherheit ist Voraussetzung für die Möglichkeit offener pädagogischer Konzepte. Daraus folgt jedoch sofort ein fachlicher Anspruch an die pädagogische Praxis unserer Teilnehmer und der Jugendarbeiter generell, den sie nicht in jedem Fall erfüllen können. Dieser Anspruch wird noch problematischer, wenn man die Situation in vielen Jugendverbänden bedenkt, bei denen sehr oft ehrenamtliche Mitarbeiter die Programme gestalten.

Das Problem verschärft sich zusätzlich, wenn man die fachliche Kompetenz verabsolutiert und etwa im Bereich der künstlerischen Medien konsequent im Künstler dann die einzig geeignete Anleitungsperson sähe.[6] Daß dies nicht notwendig die richtige Entscheidung wäre, zeigt sofort die Erfahrung: zu häufig geraten künstlerspezifische Einstellungen mit dem pädagogischen Anliegen in Konflikt. Eine entscheidende Qualifikation bei der Vermittlung künstlerischer Fähigkeiten und Fertigkeiten für pädagogische Zwecke besteht daher sicherlich darin, die Kenntnis der Grenzen seiner eigenen medialen Kompetenz zu vermitteln, ohne zugleich den Lernenden zu entmutigen.

Ausbildung, Fortbildung und Arbeitswelt - für ein umfassendes Verständnis von Fortbildung

Angesichts der Entwicklung auf dem Arbeitsmarkt muß man heute die Anforderungen an Aus- und Fortbildungsstätten deutlich erhöhen: Es darf nicht mehr genügen, bloß fachlich solide Curricula zu entwickeln, es muß vielmehr gefordert werden, daß etwa das arbeitsmarktpolitische Umfeld bei der Angebotsplanung berücksichtigt wird. Aus- und Fortbildungsstätten müssen sich heute fragen lassen, was ihre Absolventen mit den erworbenen Kompetenzen und Qualifikationen auf dem Arbeitsmarkt anfangen können.

Der in den letzten Jahren sich verstärkende Trend von Instituten oder sogar von ganzen Universitäten, die bislang Lehrer ausgebildet haben, sich nun im Ausbildungsbereich von Kunsttherapie, Kulturpädagogik oder Kulturmanagement neue Arbeitsfelder zu erschließen, muß daher mit größter Skepsis betrachtet werden. Die vorliegenden Ausbildungsprogramme und -ordnungen raten zudem zu einer Verstärkung der Skepsis, da hier Erwartungen und Hoffnungen in einen Arbeitsmarkt gesetzt werden, die sich voraussichtlich nicht erfüllen lassen.[7]

Dies gilt - wenn auch in weitaus geringerem Maße - auch für Fortbildungseinrichtungen. Auch hier werden zum Teil Zertifikate vergeben, auch hier arbeitet man mit dem Anspruch, beruflich (weiter-) zu qualifizieren.

Die folgenden *Leitlinien* und Maßnahmen erscheinen in diesem Zusammenhang geeignet, für die notwendige "Arbeitsmarktrelevanz" zu sorgen:

1. Strenge Orientierung in der Praxis vor Ort

2. hoher fachlicher Standard

3. für die Anstellungsträger verständliche und plausible Erläuterung der Fortbildungsinhalte

4. gesellschaftspolitische Reflexion des Angebotes

5. Einflußnahme auf die Rahmenbedingungen der kulturellen Jugendbildung (konzeptionelle Unterstützung, Lobby im administrativen politischen Bereich)

Bei anspruchsvollen Fortbildungen, die u.U. zur Formulierung neuer oder zu einer inhaltlichen Akzentuierung bestehender Berufsbilder führen, sind außerdem berufspolitische Überlegungen bis hin zur Gründung entsprechender Berufsverbände notwendig und hilfreich. Der Wert der Abschlußzertifikate ist zudem abhängig von der Reputation der vergebenden Einrichtung. Hierzu ist nun festzuhalten, daß sich diese nicht im Selbstlauf herumspricht. Eine Hilfe für die Absolventen ist - bei Vorhandensein einer solchen - Reputation eine gemeinsame Werbung bei oder zumindest eine Information für mögliche Anstellungsträger.[8]

Kern all dieser Maßnahmen kann jedoch nur eine realitätsbezogene Analyse des Fortbildungsbedarfs und der sich abzeichnenden Entwicklungstrends sein.

Perspektiven kulturpädagogischer Fortbildung

Kulturpädagogische Fortbildungsangebote vor allem dann, wenn sie sich an Personen wenden, die mit Kindern und Jugendlichen arbeiten, dürfen nicht die Augen vor der demographischen Entwicklung verschließen. Wenn in absehbarer Zeit jeder dritte Bundesbürger älter als 60 Jahre sein wird, ist dies ein Faktum, für das bereits jetzt Konzepte zu entwickeln sind.

Einige Überlegungen zur gegenwärtigen und zukünftigen kulturpädagogischen Fortbildung seien hier skizziert:

1. Kulturelle Fortbildung ist zunächst einmal ein spezifischer Bereich kultureller Bildung. Ziele, Inhalte und Konzepte der Fortbildungsarbeit können daher nur fundiert werden von

einem ausformulierten Verständnis von Zielen und Inhalten von kultureller Bildung.[9]

2. Kulturelle Bildung erfaßt in meinem Verständniss von Bildung eine spezifische aktive Ausprägung des Verhältnisses[10] zwischen Menschen untereinander und des Menschen zu seiner Geschichte, Gesellschaft und Umwelt. Das zentrale Ziel kultureller Bildungsprozesse besteht darin, dem Menschen die (gemeinschaftliche) Kontrolle und Beherrschung seiner Lebensbedingungen zu ermöglichen.
Das Attribut "kulturell" betont den Gedanken, daß der Mensch Subjekt seiner Verhältnisse sei, und verweist außerdem auf die besonderen Möglichkeiten künstlerischer Medien bei der Wahrnehmung, Erkenntnis und Gestaltung der Welt.[11]
Allerdings wird es in verstärktem Maße nötig werden, die spezifischen Bildungswirkungen künstlerisch-kultureller Praxis über den engen Kreis derer, die ohnehin schon davon überzeugt sind und die zum großen Teil beruflich damit zu tun haben, hinaus, klar, verständlich und plausibel auch für andere Personenkreise zu verdeutlichen.

3. (Kulturpädagogische) Fortbildung muß wie erläutert heute und in der Zukunft mehr beinhalten als fachliche solide Curricula. Dies führt nicht zu der kritisierten "Pädagogisierung" der Gesellschaft, wenn man von einem (bescheideneren) Pädagogikbegriff ausgeht, der in der Unterstützung der individuellen Entwicklung, also in einer dienenden Funktion seine Aufgabe sieht. Dies fordert jedoch Pädagogen, die fachliche und personelle Kompetenz mit der Fähigkeit zur Zurücknahme ihrer Person verbinden. Das klassische Ausbildungsziel von Pädagogen, sich überflüssig zu machen, bedarf der Aktualisierung.

4. Um den Anspruch des geforderten umfassenden Verständnisses von Fortbildung zu realisieren, müssen die verschiedenen beruflichen Arbeitsfelder wie offene und verbandliche Kultur- und Jugendarbeit, kommunale und kirchliche Kultur- und Ju-

gendarbeit, die auf ausgewählte künstlerische Medien sich spezialisierende Jugendarbeit thematisiert werden. Es gehört dazu der Austausch über geeignete Aus- und Fortbildungsformen und -inhalte, die Diskussion der jeweiligen berufspolitischen Fragestellungen, die Möglichkeiten einer Zusammenarbeit verschiedener Berufe (v.a. pädagogische und künstlerische Berufe) in der Kultur- und Jugendarbeit.[12]
Notwendig ist außerdem die genaue Beobachtung der vorhandenen jugendkulturellen Praxis. Gerade hier besteht jedoch trotz aller wissenschaftlichen oder im öffentlichen Auftrag durchgeführten Jugendforschung ein akuter Informationsbedarf über die verschiedenen Formen und Inhalte der kulturellen Praxis Jugendlicher und mehr noch über Formen, Inhalte und Reichweite kultureller Angebote für Jugendliche von Bund, Land und Kommunen, von Verbänden und Initiativen, von Kirchen und Gewerkschaften.

5. Da Jugendkulturarbeit in dem Überlappungsbereich von - in Ressorts der öffentlichen Verwaltung gesprochen - "Kultur" und "Soziales" stattfindet, gehört zu der Beobachtung der Tätigkeitsfelder in der Jugend- und Kulturarbeit die Thematisierung der jeweils in den Ressorts möglichen Arbeitsansätze, der jeweils möglichen Projekt- und institutionellen Finanzierung.[13]

6. Ein besonderer Schwerpunkt des (erweiterten) Fortbildungsbegriffs ist dabei der Bereich der Beratung und Konzeptentwicklung, was vor allem heißt: die Kompetenz zu vermitteln, vor Ort bei der Entwicklung von träger-, einrichtungs- und zielgruppenspezifischen Konzepten zu helfen.[14]

7. Die Finanzprobleme der öffentlichen Hand erzwingen außerdem geradezu ein Nachdenken über "neue Wege"[15] bei der Finanzierung und Organisation kultureller Projekte. Dabei wird es nötig sein, traditionelle Tabus und Unberührbarkeiten zu überschreiten und auszuloten, inwieweit in anderen Gesellschafts- und Wissenschaftsbereichen entwickelte Gedanken für dieses spezielle Praxisfeld nutzbar sind. Bereiche wie Kulturmanagement, professionelle betriebswirtschaftliche "Un-

ternehmensberatung", Fragen der Öffentlichkeitsarbeit, Verfahren der Zielgruppenanalyse und Angebotsplanung warten auf ihre sorgsame Analyse. Natürlich wird dies stets unter strikter Beachtung des kulturellen Anspruches erfolgen müssen, da betriebstechnische und organisatorische Aspekte stets dazu neigen, Inhalte zu dominieren. Mag zur Zeit zu Recht Unbehagen artikuliert werden an einer Überpädagogisierung und Überprofessionalisierung relevanter gesellschaftlicher Bereiche: In den Fragen der Organisation und Finanzierung ist dies noch nicht festzustellen; man darf vielmehr von einem erheblichen Nachholbedarf ausgehen.

8. Der Bedarf an neuen Konzepten auch in der kulturpädagogischen Fortbildung läßt es angeraten erscheinen, in den hausinternen Ablagen und Archiven zu graben. Einzelne Funde aus der Geschichte oder dem Archiv der Akademie Remscheid sind die folgenden:

- das Konzept von "kulturpädagogischen Wanderlehrern" hat bereits in den ersten Denkschriften zum Bau musischer Bildungsstätten in den fünfziger Jahren eine Rolle gespielt hat.
- Eine Form dieser dezentralen Fortbildung vor Ort ist die Organisations- und Institutionsberatung, die es im sozialen Bereich als traditionelles Angebot für verschiedene Berufsgruppen bereits gibt, die jedoch zum Teil die inhaltliche Tätigkeit der zu beratenden Institutionen vor allem, wenn es um (Jugend-)Kulturarbeit geht vernachlässigen.
- Möglich ist auch die Fortbildung kompletter kommunaler Verwaltungsbereiche. Ein erster Versuch mit der Fortbildung eines Jugend- und Kulturamtes einer Mittelstadt in der Akademie Remscheid gibt durchaus zu Optimismus Anlaß, da es sich zeigte, wie sehr sich bereits durch die gemeinsame Diskussion und die zahlreichen Möglichkeiten zu informellen Kontakten der Informationsfluß verbessert und bislang brachliegende Ressourcen mobilisiert werden konnten.

9. Letztlich unvermeidlich jedoch bislang auf wenig Gegenliebe stoßend werden generationsübergreifende Angebote sein. Vermutlich wird in diesem Bereich die demographische "Not" zu einer gesellschaftspolitischen (und pädagogischen) Tugend, da eine Auflösung der Segmentierung der Gesellschaft in Altersgruppen letztlich zum Nutzen aller ist.[16)]

10. Die demographische Entwicklung in unserem Land bringt außerdem eine Störung der bislang weitgehend vorherrschenden friedlichen Koexistenz zwischen Schule und außerschulischer Jugend- und Kulturarbeit mit sich. Der Schülermangel bewirkt in einzelnen Schulformen, daß Lehrer ihr Stundendeputat nicht mehr im Unterricht ableisten können. Die Folge ist die Einrichtung von schulischen Arbeitsgemeinschaften, die sich nun in den Freizeitbereich der Jugendlichen erstrecken und die daher als schulische Angebote mit den Angeboten der außerschulischen Jugend- und Kulturarbeit konkurrieren. Diese Entwicklung findet statt zu einer Zeit, da in der Schulpädagogik und Bildungspolitik Konzepte wie "Öffnung von Schule" und "community education" diskutiert werden, die allerdings nicht als Mittel der Stundendeputat-Ausschöpfung nicht ausgelasteter Lehrer verstanden werden sollten.
In dieser Situation wird aus der Sicht der Jugendpolitik -eine verstärkte Auseinandersetzung mit der Bildungspolitik und den dort entwickelten Konzepten unvermeidlich.[17)]

11. Die Belange der kulturellen Bildung haben gesamtgesellschaftlich nur eine kleine Lobby. Daher liegt die einzige Chance in der Kooperation: im gemeinsamen Nachdenken, im solidarischen, sachbezogenen Streit und im gemeinsamen Handeln.
Die Akademie Remscheid hat von jeher aufgrund der Inhalte und Strukturen ihrer Tätigkeit in den kultur-, jugend- und bildungspolitischen Auseinandersetzungen eine wichtige Rolle gespielt, da in ihr einige Konfliktlinien zusammentreffen:

- die Auseinandersetzung um die schon klassische Frage: brauchen wir eher Künstler mit pädagogischen Kompeten-

zen oder (Sozial-) Pädagogen mit künstlerischen Fähigkeiten.
- die Auseinandersetzung um den Stellenwert kultureller Bildung etwa in ihrem Verhältnis zur politischen Bildung
- Das Spannungsverhältnis, das sich daraus ergibt, daß die Akademie Remscheid von der Finanzierung und ihren Zielgruppen her zu "Jugend", von ihrer inhaltlichen Tätigkeit jedoch zu "Kultur" gehört.

Diese Problembereiche sind insofern besonders spannungsvoll, als sich die einzelnen inhaltlichen Positionen sowohl auf der Ebene von Verbänden als auch im Bereich der öffentlichen Verwaltung in einer entsprechend aufgegliederten Organisationsstruktur wiederfinden und von daher bei der Diskussion der Sachprobleme sofort die Struktur der Verwaltung sowie "Claims" und Zuständigkeitsbereiche von Verbänden berührt.

Die Akademie ist hiervon unmittelbar betroffen, da die Struktur ihres Trägervereins diese komplizierte Situation genau widerspiegelt. Insofern ist sie als "Austragungsort" für solche sachbezogenen Auseinandersetzungen besonders geeignet, zumal sie als Einrichtung der kulturellen(Fort-) Bildung sich der Praxis einer "Kultur des Streites" verpflichtet fühlt.

Anmerkungen und Literatur

1. Giesecke, H.: Das Ende der Erziehung. Neue Chancen für Familie und Schule. Stuttgart 1987 (3). Trotz des Titels reiht sich Giesecke keineswegs in die Reihe von Anti- Pädagogen ein, die in den letzten Jahren in der zweiten großen reformpädagogischen Welle der deutschen Pädagogik-Geschichte für Furore gesorgt haben. In entscheidenden Punkten vertritt Giesecke vielmehr eine dezidiert entgegengesetzte Meinung. Er plädiert jedoch sehr stark für eine Reduzierung pädagogischer Allmachtvorstellungen auf einen m.E. realistischen Kern.

2. "Es gibt inzwischen pädagogische Studiengänge ..., in denen die Absolventen kaum etwas lernen, was für andere Menschen wirklich nützlich sein könnte, aber immerhin lernen sie, andere kommunikativ zu manipulieren, sie lernen zum Beispiel "Beraten", ohne selbst über nennenswerte Erfahrungen oder sachdienliche Kenntnisse zu verfügen". Giesecke 1987, S. 49.

3. Dies ist die bekannte Dialektik zwischen Beziehungs- und Inhaltsebene in pädagogischen Prozessen. Nach einer durch entsprechend soziologische Theorien vorangetriebene einseitige Orientierung auf die Beziehungsebene scheint nun der "Gegenstand" wieder zu seinem Recht zu kommen.

4. Neben Klafki haben sich materialistisch verstehende Erziehungswissenschaftler stets für den Primat des Inhalts ausgesprochen.

5. Diese Forderung wird auch von der alltagserprobten sogenannten "Standbeintheorie" gestützt, die davon ausgeht, daß es für jeden Menschen gerade bei Berufen mit sehr heterogenen Anforderungen ein professionelles Standbein, d.h. einen gut beherrschten Wissens- und Handlungsbereich, geben sollte, der eine wichtige Rolle bei der Entwicklung von Selbstbewußtsein spielt. Das Gegenmodell ist übrigens der Generalist, der nichts richtig kann, aber über jeden Gesprächsgegenstand zwei, drei Sätze parat hat.

6. Die Möglichkeiten eines derartigen Einsatzes von Künstlern in der Kulturvermittlung werden zur Zeit vor allem im Auftrage des Bundesministeriums für Bildung und Wissenschaft im Förderprogramm Bildung und Kultur des Instituts für Bildung und Kultur an der Akademie Remscheid erprobt. Siehe hierzu die IBK-Projektzeitungen "Kultur-Kontakte" 1 bis 4.

7. Man wird zudem fragen müssen, welche beruflichen Kenntnisse und Erfahrungen die in solchen Instituten arbeitenden Mitarbeiter für die neue Ausbildungsaufgabe qualifizieren.

8. Die Akademie Remscheid hat zusammen mit der Zeitschrift "Gruppe und Spiel" in Form eines Plakates die Absolventen ihrer qualifizierten spielpädagogischen Fortbildung zusammengestellt. Eine Information und Koordinierung der Fortbildungsangebote im Supervisionsbereich findet auf der Ebene der Konferenz der bundeszentralen Fortbildungsstätten statt.

9. Ein solches "ausformulierte Verständnis" ist natürlich um so schwieriger, je größer der Kreis der beteiligten Personen und Institutionen ist. Im folgenden handelt es sich daher keineswegs um eine "Verlautbarung" der Akademie Remscheid, sondern um Überlegungen des Verfassers.

10. Ich weise darauf hin, daß "Verhältnisse" etwas mit Verhalten zu tun haben.

11. Vgl. hierzu mein Buch "Kulturelle Bildung und Ästhetische Erziehung". Köln 1986.

12. Für die Rolle der Künstler in pädagogischen Arbeitsfeldern kann hier generell auf die Schriftenreihe des Instituts für Bildung und Kultur an der Akademie Remscheid verwiesen werden.

13. Siehe hierzu die Dokumentation der u.a. von der Akademie Remscheid, der Kulturpolitischen Gesellschaft und dem Institut für Bildung und Kultur veranstalteten Tagung: M. Fuchs (Red.): Kulturarbeit als Gemeinwesenentwicklung. Remscheid 1988 (IBK- Schriftenreihe Bd. 8) sowie die Tagungsdokumentation "Organisation, Verwaltung und Finanzierung in der Kulturarbeit" (Red.: Chr. Liebald), Bd. 10 der Schriftenreihe des Instituts für Bildung und Kultur, Remscheid 1987.

14. Ein Beitrag aus der Akademie Remscheid ist hierzu die Konzeptskizze "Kultur-Consult", die zur Zeit von Gremien und Verbänden diskutiert wird.

15. Dies ist der Titel einer Tagungsreihe des Kulturforums der Sozialdemokratischen Partei Deutschlands, in deren Rahmen ich einzelne der hier skizzierten Überlegungen vorgetragen habe.

16. Siehe hierzu M. Fuchs (Red.): Seniorenkulturarbeit. Remscheid 1986 (Schriftenreihe des IBK, Bd. 4).
Über die Arbeitskonzepte in den einzelnen Fachbereichen sowie über die Arbeit der Akademie Remscheid als Ganzes informieren ihre Tätigkeits- und Geschäftsberichte 1987 und 1988 sowie Akademie Remscheid: Konzept Kreativität. Remscheid 1989.

17. Vgl. etwa W. Schefold: Jugendpolitik und Bildungspolitik. In: Böhnisch, L. u.a. (Hg): Jugendpolitik im Sozialstaat. Befunde und Perspektiven. München 1980.

NACHWEISE

1.1 Dieser Beitrag ist die schriftliche Fassung meines Vortrages, den ich im Rahmen des Bewerbungsverfahrens für die Stelle des Leiters der Akademie Remscheid akademie-öffentlich gehalten habe.
Erscheint in der Zeitschrift für erziehungswissenschaftliche Forschung.

1.2 Erscheint in der Dokumentation der internationalen Fachtagung "Hospital Art" in der Schriftenreihe des IBK.

1.3 Der Aufsatz zur Kreativität erscheint in der Akademie Remscheid-Publikation "Konzept Kreativität", Remscheid 1989.

1.4 Eröffnungsvortrag zur Fachtagung "Kommunale Kinder- und Jugendkulturarbeit" in Augsburg am 21.10.1988.

1.5 Im Erscheinen in der Dokumentation der Fachtagung des IBK "(Sozio-) kulturelles Management".

2.1 Vortrag im Rahmen der Fachtagung "Wohin geht die Jugendarbeit" des Jugendamtes Offenbach am 21.11.1988.

2.2 Vortrag zur Eröffnung der Graphothek und Jugendbibliothek der Stadtbücherei Remscheid am 4.10.1988.

2.3 Erscheint in der Dokumentation der BKJ-Fachtagung "Computer in der Jugendarbeit".

3.1 Erschienen in den Blättern der Wohlfahrtspflege 11/88.

3.2 Dieser Beitrag ist die schriftliche Fassung meines Vortrages zur Verabschiedung von Prof. Wolfgang Breuer in der FHS Köln am 24.6.1988.

3.3 Deutsche Fassung des Vortrages im Rahmen des Europa-Rat-Seminars "The training of area based arts managers and cultural officers" am 25.11.1988 in Barcelona.

3.4 Kultur-Consult ist eine in der Fachdiskussion sehr umstrittene Ideenskizze.

4.1 In: Gruppe und Spiel 4/88. Der Beitrag ist zugleich der erste Teil eines gemeinsam mit U. Baer verfaßten Beitrages in der Gemeinschaftspublikation der Konferenz bundeszentraler Fortbildungsstätten: Soziale Bildung (im Erscheinen).

4.2 Erschienen in den Kulturpolitischen Mitteilungen 4/1988.

gruppe & spiel

Zeitschrift für kreative Gruppenarbeit und Spielpädagogik

2/88　　　　　　　　　　14. Jahrgang　　ISSN 0724-3332

Das SPIEL ZUM SOFORTSPIELEN in diesem Heft: "Claudia, was nun?"

Masters of the Universe: Ist das nun Horrorspielzeug oder nicht?

Die Phantasie ist an der Macht! Rollenspiele und soziale Kreativität

Jahresabo: 23,- DM plus Porto/Versand
4 Hefte im Jahr: zusammen über 200 Seiten
In jedem Heft ein Spiel zum Sofortspielen

Probeheft gegen 5 DM in Briefmarken vom
Robin-Hood-Versand
Große Brinkgasse 7, 5000 Köln 1
(Neue Adresse ab 1989: Küppelstein 36, 5630 Remscheid)

Robin-Hood-Versand

Alexander Rolland und Ulrich Baer

Grosse Brinkgasse 7

5000 Köln 1

Tel.: 0221/2402123

Ferienspiele
Entspannung – Rhythmik – Meditation
Spielkarteien
Kennenlernspiele
Bewegungsspiele
Puppen – Masken – Pantomime
Spiele bauen und basteln
Rollenspiel
Schminke
Spiele für Vorschulkinder
Spielfeste
Kooperative Spiele-Sammlungen
Kommunikationsspiele
Spiel und Spass in der Schule
Für Teams und Gruppenleiter
Spiele zum Thema Frieden und Dritte Welt
Spiele zum Thema Sexualität

spiele.
bücher.

Alles für Ihre Gruppenarbeit.

Neue Adresse ab 1989:
Küppelstein 36, 5630 Remscheid

Ulrich Baer:

Spielpraxis

Eine Einführung in die Spielpädagogik

In diesem Taschenbuch beantwortet der Spielpädagogik-Dozent der Akademie Remscheid, Ulrich Baer, über 50 Fragen zur Spieldidaktik und stellt seine spielpädagogische Konzeption vor.

Es geht um den theoretischen Hintergrund der Spielpädagogik und um viele ganz praktische Fragen.
Einige Beispiele:

- Nach welchen Gesichtspunkten kann Spielzeug beurteilt werden?

- Wie stelle ich Spielketten zusammen?

- Was macht eigentlich den Spaß beim Spiel aus?

- Worauf muß ein Spielleiter achten?

- Was hat Spielpädagogik mit politischer Bildung zu tun?

- Worin unterscheidet sich das Spielverhalten von Kindern und Jugendlichen?

Erscheint im Sommer 1989 in der Reihe

RAT - Remscheider Arbeitshilfen und Texte

Akademie Remscheid
Küppelstein 34, 5630 Remscheid, Tel.: 02191 / 794-1

Akademie Remscheid (Hrsg.)

Konzept Kreativität in der Kulturpädagogik

Grundlagen - Theorie - Praxis

Das Dozententeam der Akademie Remscheid hat zusammen mit weiteren erfahrenen Praktikern aus der Jugendkulturarbeit konkrete Vorschläge aus den jeweiligen Fachgebieten erarbeitet. Eingeleitet werden diese Praxiskonzepte durch grundsätzliche Überlegungen zur Kreativität und ihrer aktuellen Bedeutung für Jugend und Gesellschaft.

Aus dem Inhalt:

Wie kommen Musiker zu ihrer Kreativität?
Tanzen in Gruppen - ein kreativer Prozeß
Kreativität im Public-Rlelations-Zeitalter
Die Phantasie ist an der Macht!
Totales Theater als Spiel mit dem Unvorhersehbaren
Wie sinnvoll ist der Sinn von Kreativität?
Computer in der kulturellen Bildung
Kreativität oder die Entdeckung der Vielfalt
Rhythmik - ein Weg zur Förderung von Kreativität

RAT - Remscheider Arbeitshilfen und Texte

Akademie Remscheid
Küppelstein 34, 5630 Remscheid, Tel.: 02191 / 794-1

RAT - Remscheider Arbeitshilfen und Texte

Herausgegeben von Ulrich Baer in Zusammenarbeit mit der Akademie Remscheid

In dieser Broschürenreihe veröffentlichen Dozenten und Fortbildungsteilnehmer der Akademie Remscheid ihre Methoden und Konzepte für eine neue und phantasievolle Praxis der Jugend-, Sozial- und Kulturarbeit.

- **Kennenlernspiele - Einstiegsmethoden**
Spiele und Hinweise für Einstiegssituationen in Gruppen: Wie schaffe ich spielerisch einen leichten Anfang? Von U.Baer. 56 S., DM 5.50

- **wer sind wir**
12 neue Spiele zum Kennenlernen in Gruppen und für die Selbsterfahrung. Päd. Hinweise, Konzepte, Spielvorlagen. Von U.Baer. 40 Bl. DM 5.50

- **Remscheider Diskussionsspiele**
8 Spielverfahren für den Einstieg in Gespräche über viele soziale und politische Fragen. Gut für die Bildungsarbeit in Schule und Erwachsenenbildung. Von U.Baer. 37 Blätter, DM 5.50

- **spielen und lernen mit großgruppen**
Animation u. Spiele in Großgruppen; Planspiel-Gebrauchsanweisung; Disko-Spiele; Reden vor großen Gruppen. Von U.Baer. 64 S., DM 5.50

- **lernziel: liebesfähigkeit, Band 1 und 2**
Spiele zu den Themen Sexualität und Partnerschaft für Jugendarbeit und Erwachsenenbildung. Diskussions- und Körperkontaktspiele. Band 2 ist völlig NEU (u.a. auch Spiele zum Thema AIDS), erscheint 1989. Von U.Baer. DM 5.50 / DM 5.50

- **Bewegungsphantasie**
Tänzerische Improvisationsspiele für Kinder und Jugendliche. Von Prof. Reinhard Ring und Hilke Kluth. 36 Blätter, DM 5.50

- **Remscheider Spielkartei**
200 kooperative Spiele zum sozialen Lernen. Autoren: Kips (Spielpädagogen-Arbeitsgruppe). DIE Kartei für Kinder-/Jugendarbeit. DM 19.80

- **NEU: Ritterfest und Hexennacht**
14 Spielketten und 59 Spielbeschreibungen, die sich gut für die Arbeit mit Geistigbehinderten und Nichtbehinderten eignen. Von Franz Michels. 56 Bl., DM 9.80

- **NEU: 500 Spiele**
500 Spielbeschreibungen für jede Gruppe und alle Situationen. Die besten Spiele aus der Datenbank DATA-SPIEL der Akademie Remscheid. Taschenbuch 288 Seiten, DM 9.80

- **NEU: Einführung in die Spielpädagogik**
Ein Taschenbuch, in dem Ulrich Baer alle praktischen und konzeptionellen Fragen zur Spielpädagogik aktuell beantwortet. Erscheint Sommer 1989. Ca. 200 S., ca. DM 14.80

- **NEU: Konzept: Kreativität**
Die Dozenten der Akademie beschreiben praxisnah ihre Fachkonzepte für eine kreative Gruppenarbeit. Grundlagen und Praxismodelle für die Jugendkulturarbeit. Über 350 S., DM 19.80

- **NEU: Kultur als Arbeit**
Kulturpädagogische Aufsätze, Reden und Essays von Dr. Max Fuchs, Direktor der Akademie Remscheid. Grundlagen - Arbeitsfelder - Kulturmanagement - Fortbildung. Ca. 180 S., DM 19.80

- **NEU: Spiele zum interkulturellen Lernen**
Über 50 Spielvorschläge für deutsch-ausländische Kinder- und Jugendgruppen. Konkrete Friedensarbeit und praktische Methoden für Jugendbegegnungen! Von Helmolt Rademacher und Maria Wilhelm. 112 S., DM 9.80

Bestellungen an:
Robin-Hood-Versand, Große Brinkgasse 7, 5000 Köln 1, Tel: 0221 / 240 21 23
(ab 1989: Küppelstein 36, 5630 Remscheid)